国語が得意科目になる「印つけ」読解法

藤岡豪志
Tsuyoshi Fujioka

Discover

はじめに

突然ですが、みなさんは「インドニシキヘビ」を知っていますか？

体長が4メートルから6メートルもある巨大ヘビです。

ワニを丸飲みすることでも知られています。

サン＝テグジュペリの『星の王子さま』を読んだことのある方は、あの中に出てくるゾウを飲み込んだウワバミの絵をイメージしてみてください。

ウワバミの胴体が伸びてゾウの形をしてしまっていて、頭と尻尾だけが細い長いヘビの形をしていた絵です。

インドニシキヘビは、ワニを丸飲みすることはできますが、すぐに消化はできません。

完全に消化するには、丸飲みしてから1週間はかかるそうです。

でも、もしインドニシキヘビがワニを丁寧にかみ砕いてから食べたとしたらどうでしょう？　もっと早く消化吸収できるのではないでしょうか。

国語ができる子は、算数もできる

話は飛びますが、もう1つお話をします。

「なぜあの子は、あんなに算数ができるのか？」

と、よそのお子さんをうらやましく思ったことはありませんか？

算数のテストでいつも満点を取る子。

難しい問題でもスイスイ解いてしまう子。

いますよね、そういう子が。

では、その子はなぜそんなに算数ができるのでしょうか？
それに、その子が算数の問題を正しく、かつ、すばやく理解できているからです。

では、その子はなぜ算数の問題を正しく、かつ、すばやく理解できるのでしょうか？
それは、国語ができるからです。

国語ができる子は、理解力がちがうのです。

ワニを丸飲みしたヘビの話でいうと、「国語ができる」ということは「かみ砕き」ができるということです。

「かみ砕き」ができると、早く消化することができ、ものごとの理解が早くなります。

国語と他教科の関係

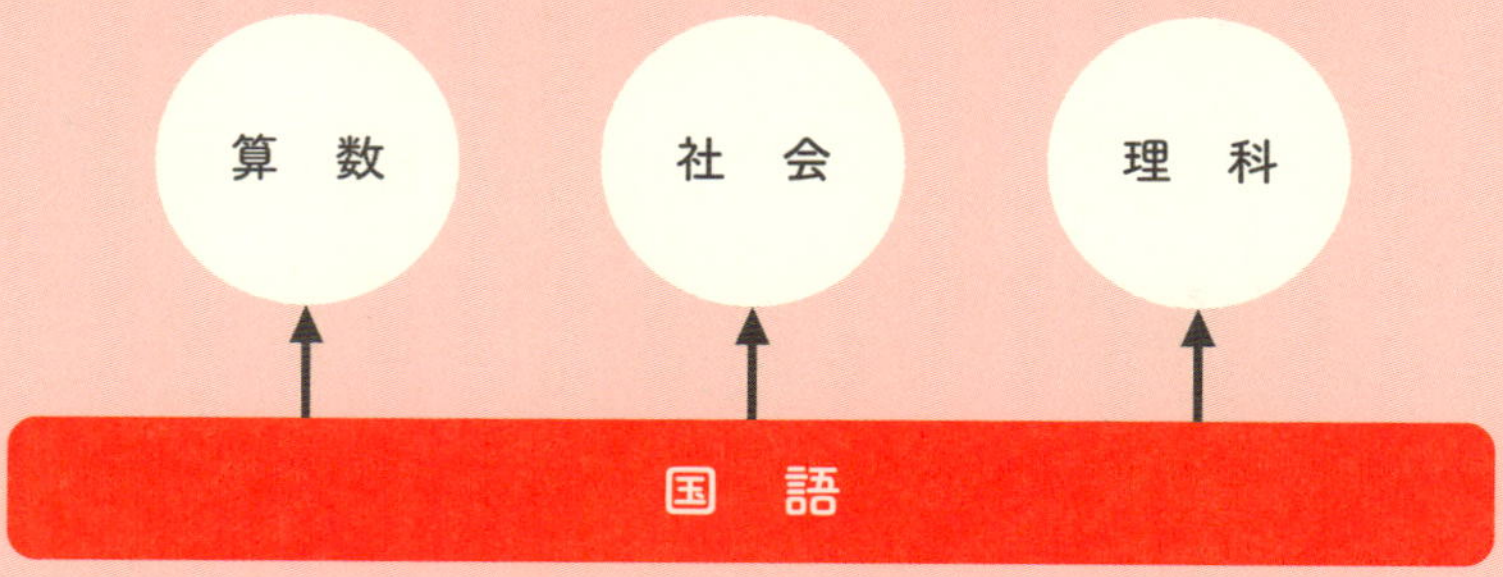

国語ができる子は理解が早いので、算数にしても、理科、社会にしても、勉強すると即、できるようになってしまうのです。

そういう意味では、国語というのは、ほかの教科のベースとなる科目といえます。

つまり、**国語ができるとほかの教科もできるようになるし、国語ができないとほかの教科もできるようにはならない**ということです。

国語力をつけないでほかの教科の勉強をしても、まるでヘビがワニを丸飲みしているがごとく、いつまでも消化、理解ができません。

「でも、ヘビだって1週間かければワニを消化できるのだから、算数だっていずれ時間をかければわかるようになるのでは？」

と思った人もいらっしゃるかもしれません。

しかし、算数は一回一回の単元を理解していかなければ次に進めません。

それに、国語力がなければどの単元も理解できないので、「いずれ時間をかければ……」というのは、「いずれ国語力がつけば」と同じ意味になり、どのみち国語力がつかなければ次はないということになります。

ならば、**お子さんの学力を改善するには、「まずは国語」ということになります。**

「国語なんて勉強してもしょうがない」？

ところが、よくいるのが、

「国語なんて勉強しても伸びない」

と言う人です。

「子どものころから普通に日本語を使っているから、国語の勉強をしなくても60点ぐらいは取れるはず。勉強をしても、70点ぐらいしか取れないだろうから、やるだけムダ」

と思っているのです。

しかし、それは違います。

本当は、100点満点を取れるのです。

では、あと30点分を伸ばすためには何が必要だと思いますか？

それには、２つあります。

「やる気」と「スキル」

です。

まず「やる気」ですが、スキルだけがあっても、それはガソリンの入っていない車のようなものです。「やる気」がなければ前に進めません。

通常の参考書、問題集では「スキル」だけが説かれていますが、むしろ本書では、それを推し進めるための「やる気」について、まずお話ししていきます。

もう1つの「スキル」ですが、これはどうすれば、文章を正しく読み取れ、問題を正しく解けるのかという作法のことです。

具体的には、〇印をつけたり傍線を引いたりしながら文章を読む**「印つけ」**の方法がメインになります。

「印つけ」というと、高校現代文のテストで点数を取るための「テクニック」というイメージがある方もいらっしゃいますが、実は、**文章を読むのが苦手な小学生が、文章をラクに読めるようになるきっかけとして非常にすぐれたものです。**

本書では、単なるテクニックではなく、文章がラクに読めるようになるためのシンプルなメソッドとして、この「印つけ」をご紹介していきます。

まずは、国語にやる気を！

ご挨拶が遅れました。私は、藤岡《ふじおか》豪志《つよし》と申します。

私はこれまで、中学受験の大手塾で国語の授業を長年担当し、数多くの受験生を「合格」に導く仕事をしてきました。そのなかで、

「いくら国語の勉強をしても、成績が上がらない」

「国語の勉強の『やり方』がわからない」

「そもそも、国語の勉強の『やる気』が起きない」


といったご相談を受けることが本当に何度もありました。

そこで、国語力を伸ばす方法について、できるだけわかりやすく親御さんにお答えしてきました。


しかし、そもそも国語の勉強をしたくないお子さんにはそれも通じません。

そこで、本書ではそんなお子さんでも「ちょっとやってみよう」と「やる気」になってもらえるようなお話（体験談）を最初に載せました。

ただし、これを読む際の注意点があります。

それは、「体験談を他人ごととして読まないでください」ということです。

まさに、あなたのお子さんのことだと思って読んでください。

本書の構成

本書には、

「国語が得意になった子の例を知る（第一章）」
「文章の読み方を知る（第二章）」
「入試問題が読めるようになる（第三章）」

という3つの章を通してお子さんの「やる気」と「スキル」を高め、国語を「好き」になってもらいたい、という願いが込められています。

まずは、親御さんが本書をお読みください。その後、お子さんとご一緒に取り組んでみてください。すると、これまでの「丸飲み勉強」ではなく、「丁寧にかみ砕いて食べる方法」が身につきます。

そうすれば、先にお話ししたとおり、国語はもちろん、どの教科もできるようになることでしょう。

「国語なんて、勉強してもしょうがない」とは、もう言わせません！

では、早速第一章に入ってまいりましょう。

国語が
得意科目になる
「印つけ」読解法

もくじ

第1章

国語は、生まれつきのセンスではありません！

第2章

文章がラクに読めるようになる「印つけ」読解法

第3章

国語が得意科目になる「印つけ」読解法【実践編】
中学入試問題に挑戦しよう！

第1章

国語は、
生まれつきのセンス
ではありません！

「国語が苦手……」が「国語が得意！」になった3つの例

「国語なんて、勉強しても伸びない！」と思っていませんか？
それは、まったく違います。**正しい勉強のしかたをすれば、国語が苦手だという子でも、国語が得意になることは十分可能です。**

本章ではまず、私の記憶に残っている国語が得意になった子の例をみなさんにご紹介していきます。リラックスして読んでみてください。

事例1 国語の偏差値40から、念願のフェリス合格を果たしたAさん

Aさんは、小学5年生の夏に入塾しました。

中学受験をする子は、4年生までに入塾するのが普通なので、Aさんはだいぶ遅れて受験勉強をスタートしたことになります。

最初は一番下のクラスにいて、国語の偏差値も40くらいでした(文中の偏差値は、日能研公開模試の偏差値の数値)。しかしその後、クラスが少しずつ上がり、6年生の9月から最上位クラスになりました。

それでも、このときの国語の偏差値は50前後。ほかの3科目がそこそこよくて、最上位クラスになれたという感じだったと思います。

Aさんは、けっして勉強ができるというタイプではなく、コツコツやるマイペース型の子でした。

座席は、成績のいい順に前から座る方式なのですが、Aさんはだいたい後ろの方にいました。これといって目立つ子ではなかったのですが、明らかに他の子たちと違っている点が1つありました。

それは、「**過去問**」です。

Aさんは、国語の授業のある毎週月曜日に第一志望である「フェリス」の過去問を必ず持ってきて質問していました。その質問も、いかにも自分で考えてきたのだけれど、どうしてもわからなかった、という内容でした。

つまり、自分で考えてきた子にしかできない質問だったのです（ここがポイントです）。

子どもたちの中には、親に無理やり過去問をやらされ、質問をするように言われて質問してくる子や、明らかに模範解答を見て書いたのに、あたかも自分の答えのようにして質問に来る子も少なくありません。

しかし、Aさんの質問はそうした形式的なものではありませんでした。ですから、一見すると日本語としてなんだか変で、不格好な書き方の記述解答も多々ありました。

Aさんが志望していたフェリスは、神奈川の最難関女子校ですが、過去問をやりはじめた当初は、自分の考えを書く自由記述問題がまったくできていませんでした。

特に、これといった自分の考えというものがなかったのかもしれません。それでも、**過去問の数をこなしていくうちに、少しずつ書けるようになっていきました。**

さらにAさんのすごいところは、入試の前日までペースをいっさい変えずに過去問の質問を持ってきたことです。入試直前期の１月などは、体がふらふらの状態で質問に来ていました。

この様子を見て、さすがに私は「勉強のしすぎじゃない？　無理しちゃダメだよ」と言いました。

この時点で、Aさんはフェリスの過去問を20年分解いていました。つまり、９月から１月まで、１週間に１年分というペースを一回も欠かさずにやってきたのです。国語以外の３教科も同時にやっていたので、実はこれは大変なことでした。

結果、Aさんはフェリスに合格しました。

フェリスの合格可能性80％偏差値は「64」ですが、Aさんの入試前最後の公開模試の４科総合偏差値は「58」、国語の偏差値も「58」でした。

一方、1月の栄東A（合格可能性80％偏差値56）、2月1日午後の国学院久我山（合格可能性80％偏差値56）は不合格でした。

では、いったいAさんは、なぜフェリスに合格できたのでしょうか。

まず、5年夏の入塾時に最下位クラスにいたけれども、くさらずコツコツとやり続けたこと。そして、6年生になって過去問の質問を自ら持ってきたことです。**先生や親に言われて持ってくるのと、自分の意志で持ってくるのとでは実は大違いなのです。**

これは、やってやれないことではないと思いますし、本来、受験生全員にやってほしいことです。しかし、模範解答をあたかも自分の答えのようにしてきたり、答えを空欄のままにして放置していたりする子が意外に多いのです。

また、念のために申し上げておきますが、私はけっしてふらふらになるまで勉強したことをほめているのではありません。むしろ、体は元気でいた方がいいに決まっています。

私が言いたかったのは、「絶対にフェリスに合格する」という強い気持ちがある子は、最後に合格できるということです。

国語の勉強をがんばった子の過去問ノート

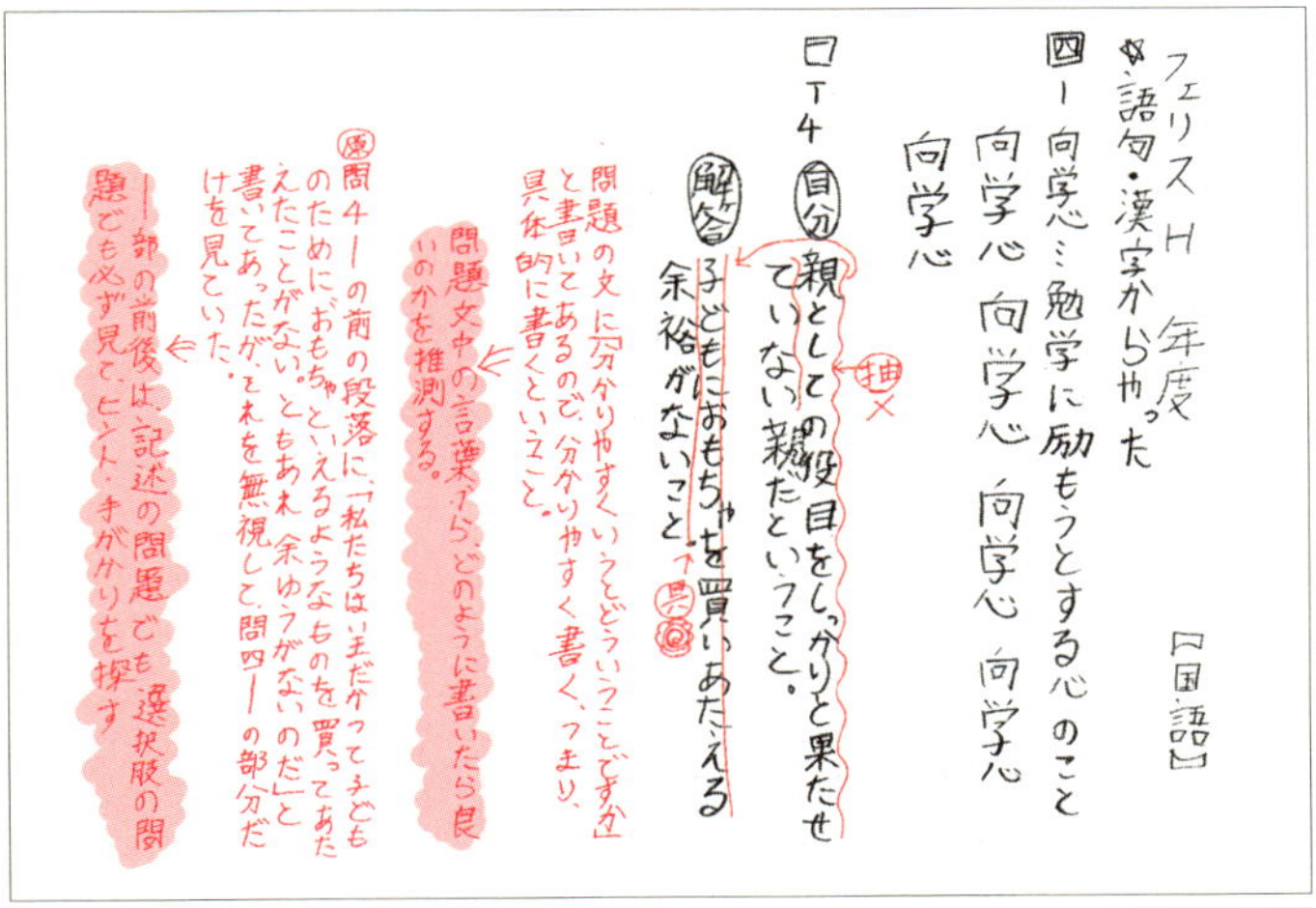

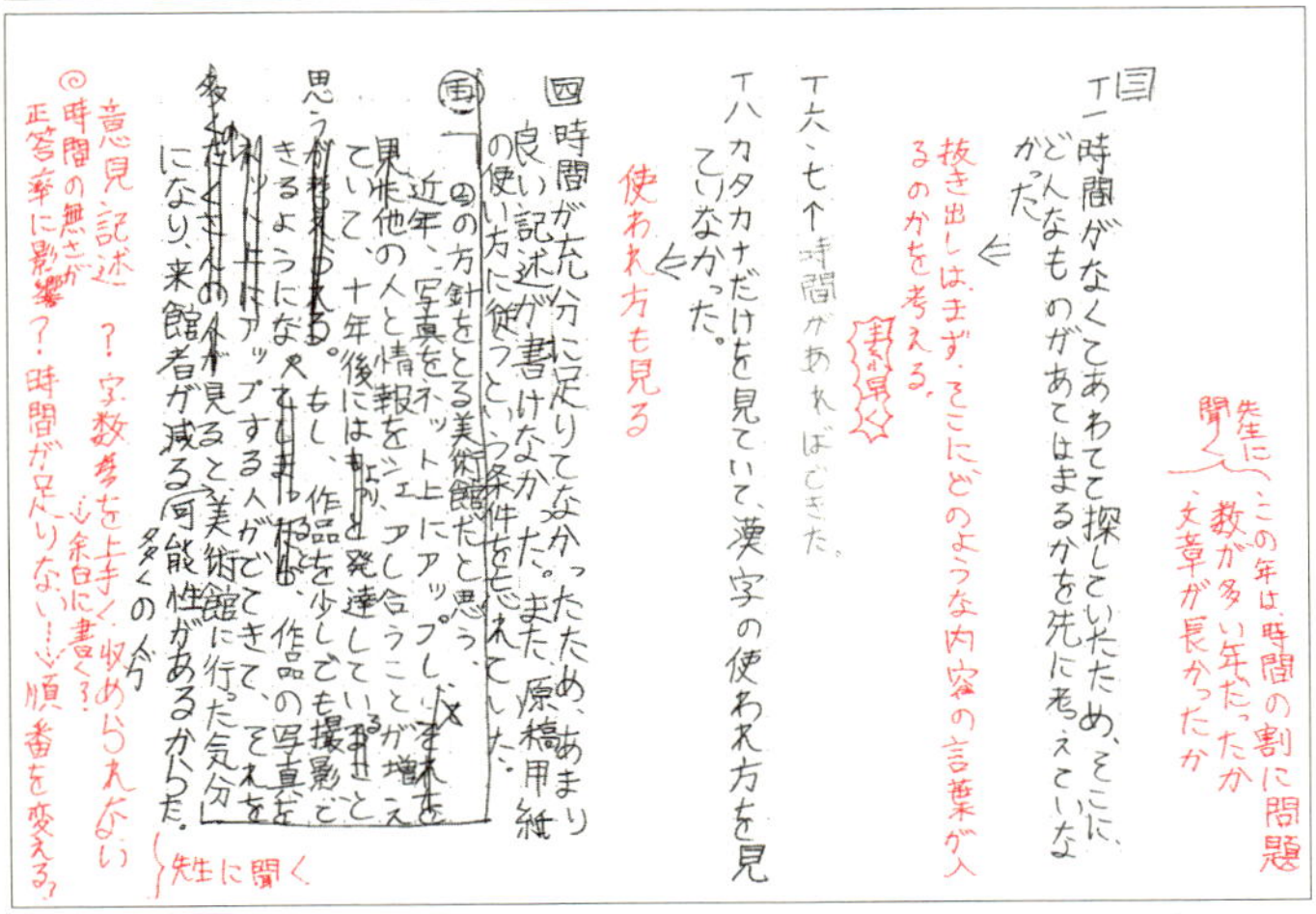

過去問を解いた後に、模範解答を見て自分で丸つけし、「なぜ間違えたのか」「今後、どうするか」を色ペンで書いている

Aさんは今、元気にフェリスに通っています。ときどき教室にも遊びに来てくれますが、あのつらかったときのことをもう忘れてしまったかのようにケロッとしています（笑）。

事例2 国語の偏差値45から、麻布合格を勝ち取ったBくん

Bくんは、男子難関御三家の麻布中に合格しました。

これだけを聞くと、「さぞかし頭のいい子だったのでしょう」と思われるかもしれません。しかし、6年生7月の公開模試の成績は、4科目総合偏差値が「58」、国語の偏差値は「45」でした。

麻布の合格可能偏差値が「68」ですから、偏差値だけを見たらだいぶ下回っていたことがおわかりいただけるでしょう。

Ｂくんは４年生から塾に通っていました。「無料の全国テストを受けてみたら？」とお父さんになにげなく勧められて来たのがきっかけでした。

とてもおとなしくかわいらしい子で、６年生になってもなぜか黄色い帽子をかぶって教室に来ていました。

クラスは最上位クラスにいましたが、座席（成績順）はつねに真ん中から後ろにいました。国語は当初、偏差値50台半ばくらいでした。

通塾しているうちに次第に友だちもでき、塾に来ることが楽しくなってきたみたいで、休み時間など友だちとも元気に遊ぶようになりました。

志望校は、麻布と浅野でした。この子も先ほどのＡさんと同じく、過去問を20年やりました。

ただ、ＢくんがＡさんとちがうところは、私に言われてやっていたという点です。

麻布の入試問題はほとんどが記述問題で、解答欄は長方形の中に２、３本縦線があるだけでマス目はありません。

最初、60字書ける解答欄の中には20字くらい（3行あるうちの1行だけ）しか書けておらず、スカスカの状態でした。3分の1しか書いていないということは、明らかに書かなければならない要素が入っていないということです。

麻布では、6000字（文庫本の約10ページ分）ほどの物語が1つだけで、人物の気持ちを類推させたり、物語の主題（作者が物語全体を通して言いたかったこと）を答えさせたりする問題が出ます（第二章188ページ以降参照）。

これを答える際に、文章中にある言葉をそのまま抜き出したり、丸写ししても〇にはなりません。文章中には出てこない「キーワード」を、子ども自身がしっかり解答の中に盛り込めるかどうかが正解の鍵となります。

彼は、こうした言葉を最初は書けなかったのですが、過去問を7、8年分解いたあたりから少しずつ書けるようになってきました。それに伴って、過去問の解答欄に書き込む字数も増えてきました。

またこの時期、Bくんは麻布対策講座に出席していました。これは、いくつかの校舎の生徒がある1つの校舎に集まって受講するものです。

最初は、授業中に自ら発言することはありませんでしたが、ほかの校舎の子たちと仲良くなるにつれて発言もだんだんできるようになり、次第に彼らと意見を言い合えるようにまでなってきました。

では、いったいなぜBくんは、麻布中に合格できたのでしょうか。

ほかにも理由があるかもしれませんが、強いて言えば次の2つになると思います。

1つは、**親御さんが熱心だったこと**。

親御さんが熱心であることは、難関校に合格するための必要条件です。「うちはすべて子どもに任せています」というご家庭では、よほどお子さんがしっかりしていなければ、難関校に合格できる可能性は低いでしょう。

子どもはなんだかんだ言いながら、親が喜んでくれるとうれしいのです。お父さん、お母さんの喜ぶ顔が見たくて、ほめてほしくてがんばっているのです。

２つ目は**塾に通っているうちに、Bくん自身が勉強のおもしろさに気づいたということ。**

はじめは、お父さんに言われて塾に入り、なんとなく通っていたのですが、だんだん勉強そのもののおもしろさに気づいて、自らやるようになってきたのです。彼の場合は、５年生の終わりころから乗ってきた感じがします。

そして、６年生の９月以降、麻布の過去問を20年分やるなかで、記述の書き方を自分なりに会得していったのです。

麻布の問題はけっして易しくはありませんが、何年も解いているうちにどうやって読み、書いていけばいいかがだんだんわかってきます。おそらく、そのコツをつかんだのでしょう。

そんなBくんも、今では背も伸び、すっかりお兄さんらしくなって麻布に通っています。

事例3
国語の偏差値が50でも、超難関校に「全勝」を果たしたCくん

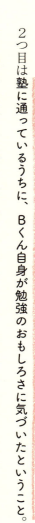

Cくんはもともと病気がちで、けっして体の丈夫な子ではありませんでした。小6になってから身長が伸びましたが、それまでは小柄で痩せていました。ただ、性格はとても明るく、塾の友だちともよくしゃべる男の子です。

特徴としては、自分の好きなことに時間を忘れて没頭してしまうところがありました。たとえば、塾の休み時間に友だちとおしゃべりすると、その話に夢中になって時間を忘れ、休み時間いっぱいおしゃべりをしてしまって弁当を食べるのが遅くなり、授業が始まってもそのまま食べ続けて先生に叱られるといった感じでした。

入塾当初から、かねてからのあこがれであり、また家からも近い栄光学園が第一志望でした。「何がなんでも栄光に合格したい」というのが、Cくんとお母さんの望みでした。その栄光に確実に合格するためにも、1月の灘、2月1日の開成を受験し、合格するだけの力をつけましょう、と面談で確認しあいました。

5年生のときの国語の年間平均偏差値は57、6年生では56でした。しかし、結果からいうと、西大和、灘、開成、栄光、すべてに合格しました。

西大和の合格可能性80％偏差値は69、灘は71、開成は72、栄光は67。これらの超難関校に「全勝」したのです。これは、はっきり言って快挙です。

ではなぜ、これらの名だたる難関校に「全勝」することができたのでしょうか。

1つは、算数がめっぽう強かったことにあります。

5、6年生のときの算数の年間平均偏差値は70でした。Cくんは、算数の難問ほどよろこんで取り組んでいました。

ただ、よろこんで取り組むといっても、すべての難問がすらすら解けたわけではありません。そうではなく、**むずかしくて解けない状態を楽しんでいたのです。**

勉強の楽しさとは、解ける楽しさだと思われがちですが、簡単な問題が解けても子どもはじきに飽きてしまいます。だからといって、難問はむずかしくて解けないので、つまらなくなってやめてしまう。これがふつうだと思います。

しかし、Cくんはむずかしい問題に取り組むことをいやがらないのです。むしろ、そんな状態を楽しんでいました。

これは、国語の勉強においても発揮されます。

国語のテストでは、いつも時間切れで最後の問題までたどり着けないでいました。最後の大問をまるごと残すこともありました。

「どうやったら、国語のテストを速くできるようになれますか？」とＣくんに聞かれたことがあります。

私は、「国語のテストが速くできる子は、文章の内容、問題がよくわかるから速いのであって、速くしようとしているわけではないんだよ」と答え、**とにかく文章、問題の中身をよくよく理解できるようになることを意識させました。**あとは、時計をちょくちょく見て時間を意識するようにも言いました。

結局、塾のテストにしても過去問にしても、時間内にできるときもあれば、できないときもあるという状況で、時間に関しては少しだけ改善できたものの、根本的に解決するまでには至りませんでした。

しかし、1つの変化がありました。それまでは、塾で国語の勉強をしているのをあまり見かけなかったのですが、6年の秋以降は休み時間や授業後に国語の長文問題にじっくり取り組むようになったのです。

それまで国語に関しては、問題がわからないと放り出してしまうこともありましたが、入試が近づくにつれ、算数のようにあきらめずに国語の問題を考え続けられるようになってきました。

これが功を奏したのか、開成の入試では国語がうまくいったそうです。開成の受験をしたその足で塾に寄ってもらい、国語の詩の問題を解きなおしてもらうと、問題をちゃんと理解できていることがわかりました。この問題は、開成の合否を分けるカギとなる一問だったと思います。

もう1つは、お母さんの支えです。

特に、テストの**「見直しノート」「過去問ノート」**の管理をしてくださっていました。

「見直しノート」は、毎週の塾のテストや公開模試を見直すノートで、できなかった問題の中で特に気になった問題、正答率が高いのにミスした問題を解き直すものです。

大学ノートのページの最初に、気になった問題のコピーを貼って、その後に自分の答えを書き直していました。その際、模範解答は見ないで、自宅で考え直したものを書くようにします。どうしてもわからないときは、空欄にしておきます。

「過去問ノート」も、やり方はほぼ同様ですが、大学ノートを縦に開き、過去問の解答用紙を上のページに貼り、不正解の問題は下のページに答えを書き直していきます。

提出後、再び答えを考え直すように、とのコメントを入れてお返ししていましたが、このノートの準備作業を毎回お母さんがやってくれていました。

また、書き直しの答えのそばに、ちょっとした質問やお母さんから塾に対するメッセージなどが書き添えられていたり、付箋が貼ってあったりしました。

お母さんが子どもの勉強にどの程度かかわるかというのは、距離のとり方がむずかしいところですが、Ｃくんのお母さんは非常にそのへんがうまかったと思います。

子どもの勉強の中身にすっかり介入して、「この問題はこうやって解くのよ」とか、「なんでこんな簡単な問題もできないの！」と言ってしまうお母さんが多いなか、Ｃくんのお母さんはつかず離れず、彼の勉強のお膳立てに徹していました。

Cくんは入試直前の公開模試でも、国語の偏差値が50でした。

それでも、Cくんのご家庭は灘、開成、栄光という志望校を変更しませんでした。

その後、Cくんは年末の冬期講習以降は、休み時間、授業後の時間をすべて国語の過去問演習、見直しに当てました。教室に残れるぎりぎりの時間まで教室の中でやっていました。

こうなったら、志望校の過去問をやりこみ、傾向を知り、その対策をするしかありません。Cくんは塾の最終日まで国語の過去問をやり続け、私も彼が正解してくるまでノートにコメントをして返し続けました。

結局、Cくんは西大和、灘、開成、栄光に全勝しました。これらの難関校すべてに合格するというのは本当にすごいことです。

しかし、こうした成功の裏にはそれ相応の勝因が必ずあるということを、今回身に染みて感じさせられました。

Ｃくんは、たしかに算数はできました。しかし、国語は最後まで完成しませんでした。

でも、問題がむずかしくてできなくても、それでも問題に立ち向かって考え続けたことが功を奏したのでしょう。

こうして、Ｃくんは晴れてあこがれの栄光学園に進学し、今は苦楽をともにした塾の仲間たちと楽しく通っています。

難関校入試に強い子の特徴とは？

ここまで、３人のお子さんの合格話をしましたが、結局、「難関校入試に強い子」とはどんな子なのでしょうか。

もともと勉強ができる子でしょうか。

塾のテストの成績がいい子でしょうか。

たしかに、こういった子が難関校に合格することはあります。

しかし、難関校入試に強い子とは「勉強をしている子」だということです。もっと正確に言えば、「難関校合格を意識し、勉強を続けている子」です。

これが、難関校に合格する一番の秘訣なのです。

なぜこんな当たり前のことを申し上げたのかというと、**難関校を目指している子でも、実際にはあまり勉強をしていない子、勉強をしないまま受験を迎えてしまっている子が多いからです。**

お子さん自身は勉強しているつもりかもしれないし、親御さんから見てもうちの子は勉強していると思っておられるかもわかりませんが、私の目から見ると勉強していない子にしか見えないのです。

見落としがちな「勉強をしていない子」4つのタイプ

では、どういう子がここでいう「勉強していない子」になるのでしょうか？

誰がどう見ても、まったく勉強していない子は論外として、難関校を目指している子で、ついつい大人が見落としてしまいがちなケースを見ていきます。

その1
塾のテストの成績だけよくて満足している子

塾で毎週実施されるカリキュラムテスト、週例テストのような確認テストの点数がよく、また塾や業者の公開模試の点数もいいのに、過去問になるとできない子です。

いったい、この子のどこが悪いのでしょうか。

「ちゃんと勉強しているではないか」「塾のテストができる以上に何をすればいいのか」などと言われそうですが、こういう子のご家庭が塾の成績だけを理由に難関校の受験を強行しようとすると失敗します。

たしかに、塾で毎週実施される確認テストの点がいいこと自体は悪くありません。しかし、この子は塾で習ったことを血肉化できていないのです。

簡単に言えば、テストの出題範囲を覚えてきただけで、習ったことを総合したり、応用、発展させたりすることができていません。**塾の確認テストができただけでは足りないということです。**

公開テストについてもそうです。公開テストは基本的に範囲のないテストですから、入試問題と同じではないかと思われがちですが、そうではありません。

公開模試の問題というのは、中堅、下位校の志望者も受験することもあり、塾で習う解き方できれいに解けるようにできています。つまり、なぜその答えになるのかの説明がきっちりつく標準的な問題しか出題されません。

それに対して、難関校の入試問題はそのようなきれいな問題ばかりではなく、なぜそのような答えになるのかわからないもの、答えがさまざまにあるものなど、一筋縄では解けないものが出題されるのです。

何年か前に、塾の国語のテストで記述問題にはいっさい手をつけないで、選択肢、抜き出しの問題だけを解答して偏差値65を取った女の子がいました。

果たしてこの子は偏差値65だから、桜蔭や雙葉、フェリスに合格できる力があると言えるでしょうか。答えは「NO」です。なぜなら、記述が答えられないからです。

仮に彼女が記述問題をがんばって答えたとしても、桜蔭、雙葉、フェリスの記述の方が一枚も二枚も上手《うわて》の問題なので、おそらくこれらの学校に合格するのは難しいでしょう。

その2

「国語はやらなくてもできる！」と思い込んでいる子

授業中も一応おとなしくしているし、成績もそれなりによい。しかし、よく見ていると、自分の興味のあることだけ熱心に取り組み、自分の興味のないことはやらない。

本人の興味のある科目、分野は成績もいいけれど、本人の興味のない科目、分野はやらないから、成績も悪い。嫌いな科目、分野も、いつかはできるようになるはずだと考えて、特に努力もしないままやりすごしている。

精神的に未熟なため、ついそうやって自分をかばい、強がりながらなんとなく自分はできると思い込んで、あまり危機感をもたないまま入試を迎えてしまうというケースです。

「ぼくは本当は国語ができるんだ」

「4、5年生までは国語の成績がよかったし」

などと、自分は本当はできるのだと思っている。

実際に4、5年生までは、それなりに成績がよかったのかもしれません。

しかし、いつまでも昔の実績に頼って努力をしていない子は、過去の成績や今の成績がよかったとしても、実際の力は予想以上に落ちてしまっていることがあります。

4、5年生レベルの問題はできたが、6年生になって実際の入試問題をやると解けないということになります。

過去にいくらできていたといっても、いま勉強していないと実際は勉強している子に追いぬかれてしまっているということです。

その3　勉強を形式的に見せかけだけでやっている子

一応、家庭で決めた学習計画に沿って、決められた時間に机に向かって決められた科目のノートを開いて取り組み、週4回の塾の授業に、週1回の個別指導塾にもきちんと行っている。

一見、よくがんばっているように見えますが、それぞれの家庭学習、塾での授業、個別指導での中身をよく見てみると、実質的にはほとんど勉強していない子がいるのです。

家庭学習の時間は、親に隠れてマンガを読みふけってしまっていたり、塾でも授業をあまり聞かないで友だちとおしゃべりしてしまっていたり、自分で考えずに友だちに解き方を聞いてしまっていたり……。

問題を解かないまま（解けないまま）毎回授業をやりすごし、先生の説明を聞いて、自分ができた気になってしまっていたり、個別指導でも勉強に飽きて指導者、スタッフを巻き込んで雑談をしてしまったりと、結局自分の頭を使って考えることをずっとしないまま過ごしてきてしまった子です。

テキストの文章を読んでも、後でそれがどんな内容だったか言えなかったり、漢字の書き取り練習を何十回もしているのに、その漢字がいつまでたっても書けなかったりなど、一見勉強をしているようで、実際はできていないということがよくあるのです。

その４ 何でも人のせいにする子

「○○先生がいやだからやりたくない」
「スタッフの○○さんがきらいだから塾に行きたくない」
「○○くんがテスト中に話しかけてきたから問題が解けなかった」

などという子がよくいます。

たしかに、本当に子どもが言うとおりだったケースがないわけではないので、事実関係をよく確かめることは大事です。しかし、残念ながら子どもは自分に都合のいいように親にうそをついてしまうことがよくあります。

本当は自分が悪いのに、目の前の親に叱られたくない一心で、誰々が悪いとその場しのぎで言ってしまう。そういったことが重なっていくうちに、先生や友だちからの信頼を失ってしまうのです。

彼らは入試を一緒に乗り越える大事な仲間ですので、関係が悪化することは当然、受験勉強、ひいては受験の結果にも影響を及ぼします。

それよりも、人のせいにするという姿勢自体が難関校のみならず、中学入試にそぐわないといえます。

中学入試では、どんな問題が出ても自分ごととして考え、解決する姿勢が求められるからです。

「こんな問題、解けるはずがない」と思ってしまうのと、

「この問題を何とかして解けないものか」

「どこかに問題を解く手がかりがあるはずだ」

と自分ごととして取り組むのとでは雲泥の差があります。

私たちもたしかに、「入試で試験時間内に解けなさそうな問題は、『捨て問』として飛ばせ」という指導を入試直前期にすることがあります。

しかし、それはあくまでも入試本番でのテクニックであって、受験勉強ではそうした問

題にも真正面から取り組んで、そのむずかしさを味わう必要があります。合格可能性を高めるためには、本当はそうした問題も解けた方がいいからです。

特に国語の場合は、いくら考えてもわからないという問題は少ないはずです。時間をかけて文章をよく読むとか、手がかりをもれなく探し出すとか、問題で聞かれていることをよくよく確かめることなどで解答できるものが大半です。

試験時間内にはできなかったけれど、あとで時間をかけて丁寧に取り組んだらできたというものがほとんどでしょう。

ここまでの話をまとめると、「勉強をしていない子」というのは、「自分の頭を使わないで楽をしている子」ということになります。

「自分の頭を使わない楽な状態」を楽しいと思うのではなく、「自分の頭で考えること」を楽しいと思うようになってほしいと思います。

そのためには、大人は子どもにあまり手を貸さないで、できることは子どもにやらせる方がいいのです。

まずは、「偏差値55」を目指しましょう

「うちの子のレベルでは、栄光は無理ですよね」

こんな質問を親御さんから受けることがあります。

ほかの教科の成績にもよりますが、国語だけで見るならば、私は難関校合格には「偏差値55」が必要だと考えています。

文章の面白さがわかるのは「偏差値55」から

もちろん、模試によって受験者層の実力が異なり、偏差値の数値が変わるので、一口に「偏差値55」といっても、どこの模試のことかということになりますね。

たとえば、大手塾の模試の偏差値を比較すると、日能研と四谷大塚はだいだい同じ値で、サピックスはここからマイナス10くらいの値になります。サピックスは他の塾に比べて難関受験生が多くいるので、偏差値が低めに出るのです。

ですから、日能研、四谷大塚の模試で「偏差値55」というと、サピックスでは「偏差値45」くらいに当たります。

6年生の夏までにこれくらいの偏差値があれば、難関校受験の土俵に乗っているといえるでしょう（4、5年生のうちであれば、ここに届いていなくても全然かまいません）。

それはなぜかというと、**国語の偏差値が55くらいはないと、難関校の文章、設問の意図がつかめない**からです。

たとえば、ある論説文を読んで「この文章の主題は〜〜だ」とまでは言えなくても、人から言われるとわかるとか、選択肢の設問にされれば正解できるといったレベルが偏差値55なのです。

一方、偏差値55未満だと、「この文章の主題は何か」「この文章が言おうとしていることは何か」と聞かれてもまずわかりません。

難関校の国語入試問題と、そうでない学校のものとの一番の違いは何かというと、文章の主題が問われるかどうかです。

難関校では、問題の最後でその文章の主題を選択肢で答えさせたり、記述で答えさせたりしますが、中堅・下位校では、文章中の一部分や言葉の意味を問うたり、細部についての設問に終始していることが少なくありません。

文章の主題がわかるには、本や文章をある程度読んで文章慣れしておく必要があります。**難関校は文章を読むことに抵抗のない子、文章の言わんとすることが読み取れる子がほしい**のです。

文章の主題がわかるかどうか。これが偏差値55のレベルであり、難関校合格への第一歩と言っていいでしょう。

また、難関校の国語の入試問題のおもしろさがわかるのにも、偏差値55の力が必要です。

難関校ほどおもしろい文章、問題を出題してくれますが、このおもしろさは偏差値55くらいの力がないとわかりません。

たとえば、昔、麻布中で「宇宙船乗組員」というお話が出たことがあります。宇宙船乗組員である父親が宇宙に長期滞在している間、家族はさびしい思いをする。そして、ついには、父親は宇宙に行ったきり、帰ってこなくなってしまうというお話なのですが、ストーリーの表面をなぞって読む分にはまったくむずかしくありません。

しかし、このお話が言おうとしていることを読み取ろうとしたら、文章の表面には表れていない裏側の部分（主題）を、読み手が探り当てなければなりません。そのためには、それなりの文章経験、読書経験がどうしても必要となってきます。

そういった意味からも、早い段階で偏差値55になっていてほしいのです。そうすると、

「おもしろいからやる→やるから力がつく→力がつくからできる→できるからおもしろい」

という好循環に入れます。

問題を解くのがおもしろくなればこっちのもの。お子さんは国語を自分から勉強するようになるでしょう。

ご家庭でもできる「偏差値55」に乗せるためのおすすめの勉強法

では、国語の偏差値を55に乗せるにはどうしたらいいのでしょうか？

ここでは、学年ごとにポイントをお伝えしていきます。全体の中でのお子さんの位置を知っていただくため、お子さんの学年だけではなく、すべての学年の説明を読んでいただきたいと思います。

【小学3年生以前】漢字の学習をしっかりと！

お子さんが小学3年生以前なら、**童話やお子さんの好きな本を親御さんが読み聞かせしてあげてください**。

読み聞かせをしてもらうと、子どもは頭の中でそのお話の映像をイメージします。このイメージ力が、後の中学受験で大いに役立つのです。特に、文章の行間と行間を埋める自分なりの読解ができるようになります。

あとは、漢字です。**漢字の学習だけは怠りなくしてください。**

漢字は国語の基礎です。「うちの子は、漢字は書けませんが、国語は得意です」ということはまずありません。

最近、漢字が極端に書けない子が増えています。

ある6年生の男の子は、漢字がほとんど書けず、どの教科のノートもすべてひらがなだけで書いていました。この子は文章読解の理解力、思考力は人並みにあります。しかし、漢字が書けないばかりに、国語のテストではつねに偏差値30台なのです。

塾でも、つねに一番下のクラスにいます。頭はけっして悪くないのに、本当にもったいないことだと思います。

私は、漢字の学び直しは5年生までで、それ以降に漢字力を挽回するのは非常に厳しいと思っています。

6年生になると、社会、理科の勉強も忙しくなり、漢字の学び直しに時間を割くことがむずかしくなるからです。どんなに遅くとも、**5年生の初めには漢字をパーフェクトにし**

ていくよう心がけなければ手遅れになってしまいます。

では、6年生になるまでに、漢字をどのように覚えればいいでしょうか。

まず、塾の漢字の教材、市販の問題集などをすべて完璧に覚えるようにします。こういうと、「うちの子にはできません」とおっしゃる親御さんが必ずいらっしゃいます。

でも、この考え方は捨ててください。

漢字は、漢字の教材の一回分や、テストの範囲を1つ残らず覚えるというスタンスで臨む方がかえって覚えやすいのです。

たとえば、テストで漢字の書き取りが10問あるうち、9問正解していたら、お子さんは「あと1つ合っていたら満点だったのに」と言うでしょう。

そして、お子さんは間違いなくこのミスした漢字を覚えます。なぜなら、くやしいからです。

それに対して、10問中、3問正解だとしたら、「ああ、(いっぱい)まちがえちゃったなあ」で終わるのではないでしょうか。

子どもの学習効果は、「あともう少し」というときに発揮されます。

つまり、漢字はパーフェクトに覚えようとして、1、2問間違えたら、それをその場で覚えるということが大事です。

「漢字はパーフェクトに覚える」――この心がけが一番大事なのです。

この心がけができない時点では、漢字の勉強をしても意味がないと考えてください。

パーフェクトを目指して初めて8～9割覚えられるのであって、目指していなかったらとたんに5割以下になってしまうでしょう。

ちなみに、私がかつて受け持った6年生のクラスでは、漢字テストは全員、10問中2、3問正解というのが通例でしたが、「漢字はパーフェクトに覚えるのが基本」という話をしたら、全員が8、9割正解するようになりました。クラスの意識を変えるだけで、実際にこれだけ変わるのです。

では、漢字を覚える際のコツです。

1　例文ごと覚える

漢字だけの学習にとどめておくのはもったいない。その漢字が、お子さんの語彙《ごい》になるようにします。まずは、漢字の教材に載っている例文ごと覚えてしまって、その漢字の使い方をつかみましょう。

2　3～5回ずつ書いて覚える

漢字を見て覚えられるなら、それでもかまいませんが、ふつうはそれだけでは覚えられないものです。

3～5回は、ノートや紙に書きましょう。**漢字は手で覚えるのが基本です。**

3　辞書で意味を調べながら覚える

漢字が覚えられない子の多くは、意味もわからずに覚えているものです。漢字の意味は、『小学国語辞典』や『例解　国語辞典』などで調べると、小学生にとってわかりやすい言葉で意味が説明されています。

そして、できるだけ自分で国語辞典を引かせるようにしましょう。引いているうちに、だんだん早く引くコツがわかってくるものです。

とにかく漢字だけは、何があってもパーフェクトに覚えるように心がけましょう。長文問題は苦手だけれど、**漢字はテストでいつも満点という状態を早くつくります。**これが、お子さんに国語をやる気にさせる第一歩なのです。

●【小学4年生】言葉の正確な意味を教える

読み聞かせ、漢字の学習はもちろん、**教科書や塾のテキストの文章を1つひとつ正確に読むことを心がけます。**

では、文章を正確に読み取れるようになるには、何をさせればいいのでしょうか。

まず、**お子さんに文章を音読させます。**

すると、お子さんは必ずどこかで詰まります。読めない漢字、言葉が出てきます。これらの「読み」をまず教えて、ふりがなをふらせます。文章の最後までそれをやって、もう一度音読させます。

次に、「意味」のわからない言葉を辞書で引かせたり、口頭で教えてあげます。

もちろん、子どもに辞書を引かせるのが好ましいのですが、お子さんによってはわからない言葉がたくさんあって、すべて辞書で引いていると、それだけで時間が長くかかってしまって全然文章を読み進められなくなります。

それだけではなく、文章を読むのはとても大変でつらいことだというイメージがしみついてしまい、また次に読みたいという気が起きなくなってしまうと大変です。

それよりは、近くに大人がいる場合は、大人が口頭で言葉の意味を教えてあげた方が、子どもも文章の楽しさを味わえます。

この意味の確認も、文章の最後までやり、そしてもう一度お子さんに文章を音読させます。

漢字、言葉の「読み」「意味」がすべてわかれば、基本的に文章の内容はお子さん自身の力でなんとか理解できるはずです。

とにかく、親御さんとしては、お子さんに漢字、言葉の「読み」「意味」を教えてあげることを最優先にします。その一方で、文章の内容は解説しないようにします。お子さん自身が読み取る楽しみを残すためです。

4年生の教科書やテキストには、まだそれほどむずかしい文章は出てきませんので、漢字、言葉の「読み」「意味」を教える回数もそんなに多くないはずです。

【小学5年生】問題をとにかく丁寧に解かせる

読み聞かせはもういいですが、**漢字、テキストの文章の正確な「読み」「意味」の確認**を引き続きしっかりさせてください。これに加えて、**設問文を正確に読み取る練習をさせましょう**（この方法については、116ページの「設問文分析解答法」を参照してください）。

設問に取り組む際には、文章中の手がかりを必ず押さえる習慣を身につけさせます。文章を読んだあとに、なんとなく記憶で解くのではなく、必ず文章中の手がかり部分に○印や——線を引くなどしてから、それをもとに解くように心がけます。

これがいわゆる「**印つけ**」ですが、その作法については、第二章でくわしくお話ししていきます。

また、たくさんの問題に当たって、国語の文章、問題に早く慣れてほしいという思いもあると思いますが、一方で、１つひとつの問題をじっくり丁寧に解かせることも心がけてください。

どれひとつ納得しないまま問題を解き続けても、時間と問題を浪費するだけで、一向に力はつきません。というより実際、ほとんどのお子さんがこのケースに陥っています。

そうではなくて、１つの問題でいいから、心から納得できるようにしてください。**５年生のうちは、とにかく丁寧さを重視することです。**

「そんな悠長なことをしていたら、毎週のテストや公開模試の点数が落ちてしまう」と思われるかもしれませんが、そう焦らないでください。

すぐには点数に結びつかないものですし、「数字に表れない実力の伸び」というものもあります。

この「数字に表れない実力の伸び」というのは、本人、塾の先生にしかわからないアナログの実感です。成績表だけを見ている親御さんにはまずわかりません。

もし、親御さんがお子さんの勉強の様子や、どういう問題を正解しているのかをつぶさに見られていればわかると思います。一見、テストの点数や、偏差値は変わらないのだけれど、あきらかに前よりも力がついている。これが、「数字に表れない実力の伸び」です。

たとえば、テストの国語の点数が低くても、ある文章の問題だけは正答率が高いとか、主題の問題ができているとか、長い記述の問題が〇ではなかったけれど部分点がもらえていたなど、細かく見るとさまざまなお子さんのがんばり、いいところが見えてきます。

受験生全体の正答率が低い問題で、お子さんだけが正解しているといったこともあるでしょう。

こういう「いいところ」を発見したら、なぜこの答えになったのかをお子さんに聞いてみましょう。つたないながらも、何かしら言ってくれるでしょう。

こうした一問一問を丁寧に見ることを心がけてください。

また、こういったアナログ情報を知るためにも、学校や塾の先生とコミュニケーションを取るようにしましょう。親にはなかなか見ることができない授業での様子や、答案から見えることなどを教えてもらえると思います。

「一日一長文」もおすすめです。これは、毎日長文を一題やるというものです。

外国語を学ぶときも、毎日その言語に触れることで身につくといいます。

国語は母国語ですが、まだよく習得できていないうちは毎日接することが上達を早めます。

実際、国語の実力をつけた子の多くは、この「一日一長文」を実際に実行しました。

たとえば、朝起きたらテキストの長文問題を1つ解き、丸つけをする。それが大変なら、テキストの長文問題を1つ読んで、次の日に問題を解いて丸つけ、と分割してやってもかまいません。

こうして毎日長文を読むことで、文章を読むことへの抵抗が次第に薄れてきます。ある一日だけ、まとめてたくさん長文問題に取り組むのではなく、**毎日やることが大切です。**

●【小学６年生】秋以降は、いよいよ過去問に挑戦！

漢字、テキスト文章の正確な読み、設問文の正確な読み取り、「一日一長文」を引き続きしっかりやりましょう。６年の夏まではこうした地道な努力を続けます。

９月からは、志望校の「過去問」をやりましょう。「過去問」とは、昨年以前の過去に出題された入試問題のことで、数年分見たり解いたりすることでその学校の傾向がわかります。

大きい書店の学習参考書コーナーに行くと、オレンジ色の背表紙に「開成中学校」などの学校名の入った本が売られています。何社かが刊行していますが、「声の教育社」の過去問題集が一番オーソドックスで解説の質も良いので、これをお使いになることをおすすめします。

では、ここで過去問の活用法です。

1　解答用紙を拡大コピーする

記述問題に字数制限のない学校（例：麻布、栄光）の場合、解答用紙の記述解答欄の大きさから字数を判断しなければならないので、本物と同じ大きさの解答用紙を用意しないと記述問題が解けなくなってしまいます。

そこで、過去問に載っている解答用紙のページに記されている倍率どおりに拡大コピーを取ります。麻布や栄光などは、記述解答欄がマス目でなく単なる行になっており、だいたい一行30字で書くようになっています。

一行に極端に小さな字でたくさんの字数を書く子がいますが、これはダメです。記述は、字数によって内容も変わるからです。あくまで、学校が求めている字数内で要領よくまとめて書き上げる必要があります。

記述問題に字数制限のある学校であれば、必ずしも解答用紙をコピーしなくても、あらかじめ白い紙やノートに「一　問一」などといった簡単な解答欄をつくっておけば、解答用紙の代わりになります。

2　時間を計測して解く

過去問を演習する場合には、必ず制限時間を守って行います。**できれば、キッチンタイマーなど使って時間を厳密に計ります。**

入試というのは、「長い時間をかけてじっくりやったらできました」というのは通用しません。あくまで、学校指定の制限時間内に合格点を取らなければならないのです。

そのためには、むずかしくて解けない問題を後回しにしたり捨てたりするといった即座の判断も重要になってきます。そうした要領を習得するためにも、時間計測は必ず行ってください。

3　丸つけ・得点出しをする

過去問演習の解きっぱなしは厳禁です。必ず終了後に、自分の答えと模範解答とを突き合わせて丸つけ・得点出しをします。

そして、合格者平均点、合格者最低点と見比べて、自分の得点がそれらのレベルにあるかどうかを見ます。さらに、ミスした問題については解説を見るなどして、なぜミスしたのかの理由を探ります。

4　最新の入試問題は、12月に入試本番と同じ順番で4科目を解く

最新の入試問題にその学校の問題傾向が最も表れており、2月の本番への最もよい対策となります。

12月の塾のない日などを使って、最新の過去問を入試本番と同じ順番・時間で解くと、入試の予行演習ができ、現時点での出来具合をチェックできます。

もし、自分に足りないところが見つかれば、残された1か月で学び直しをします。

過去問題集には一冊にだいたい10年分載っていますが、1年1年解き進めていくと、だんだん残り少なくなってきます。10年以上前の過去問を入手することはむずかしいので、10年分を解くなかで傾向をしっかりつかみ、どう解くのがいいのか、お子さんなりのやり方が身につくように気をつけます。

この過去問演習をいかに充実したものにするかが、志望校の合否を決めるといっても過言ではありません。公開模試の出来がいまひとつでも、**志望校の国語の問題なら8割取れ**

るとか、合格点が取れるということならば合格の目はあります（もちろん、他教科との兼ね合いはあります）。

ですから、偏差値だけで受験校を決めるのは非常に危険なことです。

まず、志望校決めではテストの成績は参考程度にして、その学校の校風、場所、教育などがお子さんに合うかどうかという視点で考えましょう。

そして、家庭で決めた受験日程を、塾の責任者、授業担当者に見せて面談しましょう。

そこで、プロのアドバイスをもらいます。お子さんの実力、体力、すべてを加味して、どういう受験にしたら最高の結果が得られるかを教えてくれるはずです。

まだ小学生なので、秘めている可能性は大きく、能力の伸びは高校入試、大学入試よりもダイナミックです。

公開模試は12月末で終了し、それ以降は偏差値が出なくなりますが、12月末の公開模試では合格可能性が低かったのに、公開模試のない1月中に実はぐんぐん力をつけて見えない偏差値が伸び、ついには第一志望に合格したというケースもあります。

中学入試は、最後の最後まで何が起こるかわかりません。どうしても入りたいあこがれの学校があるのならば、まずは学校や塾の責任者、先生に相談しましょう。

第2章

文章がラクに読めるようになる「印つけ」読解法

子どもが国語の勉強をしないのはなぜ？

「国語の成績を上げたい」

「国語ができるようになりたい」

と、お子さんも思ってはいることでしょう。

それでも、相変わらずお子さんは国語の勉強をしません。

保護者会でも、

「うちの子、本当に国語ができなくて困っています」

「うちの子、文章を最後まで読み通すことができません」

「国語の勉強を始めても、いつの間にかほかの教科の勉強をしてしまっています」

「算数、社会、理科の勉強はしても、国語の勉強だけはやりません」

などという声を本当によく聞きます。

実際、どこの校舎に行っても国語が苦手な子ばかりで、国語ができる子にほとんどお目にかかれません。

なぜ、国語はこんなにも苦手な子が多いのでしょうか？

その原因は3つあると思います。

1つ目は、「国語なんてどうせ勉強してもしょうがない」とお子さんが思っている、いや親御さんも思っているということです。

つまり、「国語は日本語だから、だれでもできる」と親も子も高をくくってしまっているのです。しかし、これは大きな落とし穴です。

むしろ、身近すぎるからこそ気をつけなければいけないのです。日本語のことをよくわかっているようで、実はよくわかっていません。**ふだん日本語がしゃべれることと、国語ができることとは別なのです。**

2つ目は、お子さんが国語の勉強をとにかく「つまらない」と思っていること。教材に出ている文章、問題が子どもにとってつまらない、国語の先生がとてもつまらない、ということです。

国語の勉強をしない子どもでも、好きな本は読むというケースは意外に多いものです。読書は、子どもが自分の好きな本を自分で選んで読めるから楽しい。

しかし、教科書やテストに出てくる文章は自分で選べないもので、もともと読みたい文章でもなんでもありません。子どもたちは読みたくない文章、解きたくない問題を無理やりやらされているのです。

また、国語の授業を楽しくできる先生、国語の成績を伸ばせられる先生は、学校にも塾にもほとんどいません。

文学部出身の先生がいたとしても、大学ではある特定の作家だけを研究していましたとか、古典を専攻していましたとかで専門に偏りがあって、その分野についてはやたらくわしくても、それ以外のことはあまりくわしくないということがあります。

つまり、子どもに魅力ある授業のできる国語の先生がお子さんの身のまわりに存在せず、国語の楽しみを知る機会が得られないという現状があるのです。

そして3つ目は、これは国語に限ったことではありませんが、中学受験をする場合、受験そのものが実はお子さん自身の意志ではなく、親御さんの意志だったということです。

中学入試においては、こういうケースが多いはずです。お子さん自身が進んで中学受験したいとか、自分から「○×中にどうしても入りたい」と思っている子はほとんどいないでしょう。

しかし、その後勉強のおもしろさに気づいて自分から勉強するようになった子も現実にはいます（中学受験がうまくいくのは、だいたいこういうケースですが）。

中学受験の国語においては、特にお子さん自身の意志で取り組むことが要求されます。文章を子ども自らが読み、考え、問題を解き進めるという自主性が求められます。

お子さんがイヤイヤやっているうちは、何時間勉強しても力はつかないのです。

国語ができるようにするには？

逆に言えば、**やる気さえあれば、どんな子でもできるようになるのが国語**ともいえます。

人間は苦しさを避け、快さを求めます。

もしも、国語ができない苦しさよりも、国語ができる快さのほうが上回るようになれば、子どもは国語の勉強をするようになります。どんな子でも、自分にできることがわかると、その後は自ら取り組みだします。

小学生のころの子どもは、まだまだ純粋で柔軟なところがあって、できなかったことができるようになることがとてもうれしく感じられる年頃です。ですから、**何かのきっかけで急に国語の勉強をやりだすということは大いにあります**。小学生のころというのは、まだ好き嫌いが固まりきっていない年頃ともいえるのです。

「この子は、算数はよくできるけれど、国語向きではないいな」と思っていた子でも、半年粘り強く勉強し続けているうちに、だんだんできるようになってくることがあります。

国語が苦手科目だったにもかかわらず、偏差値60を取れるようになったという子も現実にいます。

「その子はきっと頭がよかったんでしょ？」と思われるかもしれませんが、国語に関しては、本当に全然わかっていなくて、偏差値も30台だったりするのです。

ただ、こういうケースで1つ言えることは、「本人の意志」があるということです。本人にどうしても行きたい学校がある、どうしても成績を上げたい気持ちがある、どうしても自分の劣等感を払拭したい気持ちがあるなど、何でもいいのですが、**お子さん自身に「自分の意志」があるのです**。

今まで見てきたなかで何人か印象に残っている子がいましたが、この子たちに共通して言えることはこれでした。

「結果を急がない」ことが、いい結果につながる

ただ、ここで1つ大事なことを言っておきます。

結果を急がないでください。

ひょっとすると、なかには本書の勉強法を試して、すぐに結果の出る人もいるかもしれません。しかし、基本的に国語はほかに比べて結果の出にくい教科です。そうすぐには国語の成績は上がりません。

国語は、「この公式を覚えれば答えが出る」とか、「この範囲を勉強すればテストでいい点が取れる」とかいうことは基本的にありません。しかし、すぐに国語の成績が上がらなくてもいいのです。

むしろ、それが当たり前だと思ってください。文章への印つけができるようになってきたとか、記述の内容が少しよくなってきたとか、何かしらの進歩があればいいのです。

ここがなかなかわかってもらえないところなのですが、**国語の場合、成績、得点などの数字に表れないところで本当の進歩が起きている**のです。

それらが、後から成績、得点などの数字になって表れてくるだけなのです。それまでは、数字になって表れてこない進歩を大人が見逃さないようにしてあげてください。

たとえば、記述なら少しくらい日本語の書き方が変でもかまいませんし、選択肢なら正解と違うものを選んでいてもかまいません。それらが正解（の要素）に近いところまでいっていたり、考え方が正しかったりしたら、いったん「それでよし」とするのです。

そしてできれば、正しい考え方ができているときに、すかさずほめてあげます。お母さん、お父さんにそれができなければ、学校や塾の先生にお願いするのでもいいでしょう。

また、テストの結果だけを見てお子さんを叱るのも、今すぐやめてください。

今まではテストの「成績表」をかなりじっくり見られてきたことと思いますが、これからはテストの「答案」をじっくり見てあげてください。

記述の答えでも半分までは書けていたり、あともう一歩で正解だったりするものがあります。漢字のミスでも、ミスを指摘して終わるのでなく、「ここをこうすればよかったのね」と前向きなコメントをするように心がけます。

これらはみんな、「国語ができるようになる芽」なのです。まるっきりできていないのではなくて、半分とか半分以上できているところなのですから。この芽を大事に育て、応援してあげてください。この芽さえつぶさずに育んでいけば、あとは自然と伸びていきます。

というわけで、**結果だけ見て怒るのはやめましょう**。お子さんの出す答えには、それなりの理由があるものなのです。答えに向かうベクトルが合っていればそれでいいのです。この時点で国語力が完成している必要はありません。答えに向かうベクトルを合わせる勉強を重ねていけば、必ず国語の実力はつき、成績も目に見えて上がっていきます。

ここまで、国語の勉強に対するマインドがおわかりいただけたところで、今度はもう少し具体的な国語の勉強法に入っていきましょう。

そもそも、文章が読めない子はどうしたらいい？

国語の文章読解が苦手だという子どもは、そもそも文章が読めない、読むのが面倒、読んでもよくわからないというケースがほとんどです。内容がむずかしい文章ならなおさらでしょう。

もし、どんな文章もすらすら読め、筆者の言いたいこともよくわかる方法があったとしたら、子どもは「国語って楽しい！」と感じると思います。

文章は本来、楽しいものなのです。それがたとえむずかしそうな内容の論説文だったとしても。なぜなら、自分がむずかしいと思ったものがわかるということは、今までの自分より少しでも進歩できたということになるからです。

自分が進歩できるということは、誰にとっても楽しいものなのです。「苦しいことに挑戦し、それを克服できたときの喜び、それこそが脳にとっての快楽です」と脳科学者の茂木健一郎さんもおっしゃっています。

それでは、そもそも文章が読めないといった場合、具体的にどうすればいいのでしょうか（お子さんがすでに文章をある程度読めるようでしたら、ここは読み飛ばして90ページに進んでください）。

子どもが自分でふりがなをふる

まず、**教材やテキストの文章の漢字すべてに「ふりがな」をふります。**

1つのやり方として、**「漢和辞典」を引く**方法があります。

たとえば、「独楽」という熟語の読みがわからなければ、とりあえず読みのわかる字を「音訓索引」で探します。

たとえば、「独（ドク）」を「音訓索引」で引くと、「530ページ」などと出ていますので、そのページを開くと、「【独楽】　ドクラク　①自分ひとりだけで楽しむ」などとあり、その後に「こま　子どものおもちゃの一種」と載っています。

まったく読みがわからないむずかしい漢字の場合は、漢字の部首から探す「部首索引」、漢字の画数から探す「総画索引」で探します。

ただし、「漢和辞典」は、引くのに時間と手間がかかるのが難点です。

もし、漢和辞典が大変ということであれば、お母さん、お父さんやきょうだいに聞いてもかまいません。

漢字の読みがすべてわかれば、文章は最後まで必ず読み通せます。当たり前のことのようですが、これが大事なのです。

逆に、文章を読むときにあの字も読めない、この字も読めないという状況だったらどうでしょうか。国語のできない人にとっては、**まず文章がすべて読めるということが1つのやりがいになります。**

そして、読みがわかればそこから意味を予想することもできますし、国語辞典で意味を引くこともできます。

文章の行間が読み取れるようになる方法

文章の「読み」「意味」がすべてわかれば、これは問題が半分以上解けたも同然です。文章の内容が全部わかれば、設問で聞かれることに忠実に答えていけばいいわけですから。

ここでもし設問が解けなかったとしたら、次のうちのどれかでしょう。

①文章の内容がまだわかっていない。
②設問が何を求めているのかがつかめていない。

たしかに、言葉の意味がすべてわかったからといっても、その文章の内容の奥の奥までわかったということにはならないかもしれません。物語などでは、人物の気持ちがはっきり書かれていないことがほとんどです。しかし、はっきり言葉で書かれていないことはわからないという思考停止がクセになると、設問に答えられなくなってしまいます。

そこで、言葉の意味が全部わかったら、**今度は、文章に書かれていることを「映像化」してみます。**物語はもちろん、随筆、論説文、説明文、詩、短歌、俳句もです。

文章を単なる言葉と言葉が並んでいるだけのものと見ないで、そこに描かれていることを頭の中で具体的な絵にしてイメージしてみるのです。

さらに、映像に加えて、季節、匂い、音といった五感（視覚・聴覚・嗅覚・味覚・触覚）のイメージも広げてみてください。

たとえば、松尾芭蕉の有名な俳句「古池《ふるいけ》や蛙《かわず》とびこむ水の音」で考えてみましょう。

情景として目に見えるもの、目に見えなくても感じられるものは、すべて頭の中に思い浮かべるように言います。

すると、最初に「古池」という言葉が出てきます。お子さんが知っている「古い池」を思い浮かべるように言ってください。

昔からある「池」ならば、水はどうなっているでしょうか。

どんな色をしていて、大きさはどうでしょう。

池の周りはどんなふうになっているでしょうか。……と、お子さんの知っていることをもとに、具体的な絵をイメージするように言います。

次に、「蛙」はどんな蛙だったのか。またどんなふうに飛び込んだのか。そして、どんな音がしたのか。

目に見えるものはもちろん、季節、匂い、音などの五感で感じられるものはすべて想像させます（子どもはやり方を知らないだけで、こういう想像が嫌いなわけではありません）。

でも、「『古い池に蛙がとびこんで音がした』ことのどこがおもしろいの？」とか、「それがどうかしたの？」などと言ってくるかもしれません。

たしかに、俳句をそのまま現代語に訳しただけでは、「それ、何がおもしろいの？」と言われてもしかたがないでしょう。

しかし、こういう言葉がお子さんから出てくること自体が大事なのです。俳句のおもしろさ、味わいに子どもの興味が出る前段階だからです。

これらは、けっして悪い反応ではありません。**子どもの素直な反応というのは、本当の学びがはじまるきっかけになります**（いい子ぶって優等生的答えを言ってくる方が、実はよくわかっていなくて危険かもしれません）。

言葉の意味も全部わかり、情景もすべて映像化され（思い浮かべられ）、それでもなお俳句（作品）の意味が読み取れないときには、**「さらに細かく映像化する」**ように言います。子どもの映像がかなり雑な場合がよくあるからです。より細かいところまでこだわって想像するようにさせます。

それでも、この俳句の意味、味わいがわからない、と言うかもしれません。

そういうときは、

「なぜ作者は、こういう俳句をつくったのかな？」

「これといった理由もなく、この俳句をつくったのかな?」

などとお子さんに投げかけます。

これは「**作者の意図**」を探らせることにつながります。


すると、この投げかけによって、この俳句をつくる理由・きっかけが何かしらあったはずだということが、子どもの頭に意識されていきます。

また、この俳句ならではの根拠、つまりこの俳句に書かれている中に**根拠**(**手がかり**)を求めるように言います。つまり、俳句の中のどんなことに心をひかれたのか、感動したのかを探らせます。


この、作者の意図を探らせるということは非常に重要です。

「なぜ作者は、このような俳句(作品)をつくったのか?」という問いかけを、お子さんに必ずしてあげてください。

もし、お子さんが自問自答できるようになったら、これからよりいっそう読解力を身につけられるようになるはずです。

「ある春の日、古い池に小さな蛙がとびこんで、ボチャンと水の音がした」と、ここまで読み取れたとしたら、この俳句の作者はここからどんなことを言いたかったのかを考えさせてください。

さぞかし、親御さんが答えを言いたくなることでしょう。しかし、ここはグッとこらえてお子さん自身に考えさせ、言わせます。答えを当てることよりも、**お子さん自身が答えを出したり、出そうとすること自体に大きな意味があるのです。**

どうしても出てこないようなら、親御さんのほうからヒントを出してもいいでしょう。それでもできるだけ、お子さんに考える余地を残すように気をつけることが大事です。

（ちなみに、正解は「古池に蛙がとびこんだ水の音が聞こえるくらい、あたりが静かである」です。）

こうして、作者が言おうとしていることを自分なりに想像し、考えていくと、文字には表れていない行間の部分までもが見えてきます。

実際、難関校ではこうした力を問う問題がよく出題されています。

「印つけ」読解法をやってみよう！

さて、いよいよここからは、本書のメインコンテンツ「印つけ」の方法についてお話ししていきます。


「文章に何が書いてあるのかわからない」

「文章に書かれていることが正確に読めない」

といった子どもは、文章というものを漠然と読んでいます。

これでは、いつまでたっても国語の力はつきません。


そこで、**文章に書かれていることを「見える化」する**ことをおすすめします。

文章読解が苦手なお子さんは、次の「着眼点」を持つようにしましょう。

・物語　↓　「登場人物」
・論説文、説明文　↓　「話題」

そして、これらの着眼点には○印をしながら読みます。

もう1つの着眼点は、

・物語　↓　「人物の気持ち」「大事なできごと」
・論説文、説明文　↓　「筆者の考えがまとまっているところ」「重要文」
・随筆　↓　「筆者の感想」

です。

これらの着眼点には「――線」を引きます。

ルールはたったこれだけ。非常にシンプルです。

印をつけることの意味は？

授業で、子どもたちに印をさせずに読ませる場合と、各自印をしながら読むようにさせる場合とでは、後者の方が子どもたちの文章への入り方が断然いいです。

印をつけながら読むと、子どもたちは文章のどこが大事なのかということを意識しやすくなるのです。それは、「印をつける」という行為が文章を読むときの1つの目安、刺激となり、またお子さんの頭の中での内容の整理ができるようになるからです。

そして、ここでもう1つポイントとなるのが、**お子さんが「自力で印をする」**ということです。

たしかに国語の先生や、著者である私が文章のどこに印をしたのかということは、当然気になるでしょう。しかし、ここではあくまで参考程度にとどめます。

それよりも、**子ども自身が大事だと思ったところが大事なのです**。文章を読み進めるのは、ほかでもないお子さん自身なのですから。

まずは、お子さん自身がどこに印をつけたのかを尊重しましょう。そのうえで、国語の先生や私がつけた印と比較してほしいのです。

そうすると、なぜ国語の先生や私がここに印をしているのかということをお子さんは考えはじめます。

印つけの際に、本当に気をつけるべきことは？

どこに印をするかについては、完全な正解はありません。自分が大事だと思ったところに印をしていくのみです。

そうはいっても、「自分が大事だと思ったところ」自体がわからない、大事だと思ったところがない、と言われそうですね。

それでも、ここが大事な**「できごと」「気持ち」**だと思うところは必ずあるはずです。文章の骨格（柱）となるところに印をするという意識をつねに持っていただきたいのです。

はじめからだれかの用意した正解、サンプルに頼るのではなく、そういうものは見ないで、あくまで自分の頭の整理のために印をつけていくことを心がけます。

それができてから、正解やサンプルを参考にするのはいいでしょう。しかし、この順番を逆にしてはいけません。

そこで食い違いがあったら、なぜだろうと考えるのです。正解、サンプルをつくった人はこういう理由、視点でつけたのかなと、自分なりに考えるわけです。

国語の記述問題（特に大型の記述問題）の解答にしても同じです。

国語の教材の模範解答が、本当に非の打ちどころのない完璧な正解を示しているかというと、けっしてそんなことはありません。ここが他教科と決定的に違うところで、なかなかわかっていただけない点なのですが、**国語の記述の模範解答はけっして完璧ではないのです。**

もちろん、非の打ちどころのない正解が示されている場合もありますが、たとえそうだとしても、それ以外の書き方は必ず存在します。

文章への印つけも、これに似たところがあります。

そもそも、印つけのルールそのものが違ったり、たとえ同じであってもどこに印をつけるかが違ったりするので、仮に正解、サンプルとまったく同じになることを目指したとしても、いつまでたっても同じになるということはありません。

すると、自分はいつまでたってもできるようにならないといって、自信を持てないままになるでしょう。ここが大きな落とし穴なのです。

何度も言いますが、**模範解答やサンプルはあくまで参考にして、基本的にはお子さん自身が徹底して考える以外にありません。**

模範解答とまったく同じではないけれども、だいたいこんな感じでいいだろうとお子さんが自分なりに落としどころをつけ、自分なりの模範解答をつくるのです。

それでも判断しかねる場合は、親御さんが加わって考える。それでも足りなければ、学校や塾の国語の先生に聞いてもいいでしょう。

一見、とても大変なことに思えるかもしれませんが、やっていくうちにお子さんも親御さんもどうすればいいか、コツがだんだんわかってきますので、まずはやってみてください。

それでは、具体的な印のつけ方についてもう少しくわしく、文章ジャンルごとにお話ししていきます。

印つけのしかた1――物語文

物語文の着眼点

物語には必ず作者からのメッセージがあります。これをテーマ（主題）といいます。

このテーマが何かをつかもうという心構えで、物語を読み進めましょう。


では、どうしたらテーマがつかめるのでしょうか。

まずは、文章を丁寧に読むことです。斜め読みをせずに、一文字も逃さないように丁寧に読みます。

日本語は、「て」「に」「を」「は」など、ちょっとした助詞の使い方だけで文章のニュアンスが変わります。こうした日本語独自の細かな意味の違いを見逃さないようにして読み進めていくのです。

物語では、「人物」がいろいろな「できごと」にあうなかで、さまざまな「気持ち」を抱きます。

こうしたことを通して、作者は読者に「何か」を伝えようとしているのです。つまり、**物語の骨格は「人物」「できごと」「気持ち」です。**これらをしっかりと押さえましょう。

というわけで、物語を読むときには次のような印をつけながら読むと、より内容、テーマがつかみやすくなります。

印つけルール1

「人物」に○をする

物語の中で、一番着目しなければならないのがこの「人物」です。人物が出てきたら、その人名を○で囲みます。

物語の内容がつかめない人は、「だれ」という主語に着目できていないことが少なくありません。その**「だれ」が「どうした」のか**という視点で読み進めるようにします。

つねに、「だれ」が言っているのか、しているのか、ということを意識して読むだけで、今までより正確な物語の読解ができます。

たとえば、新美南吉『おじいさんのランプ』の書き出しで、

「かくれんぼで、倉の隅《すみ》にもぐりこんだ東一《とういち》君がランプを持って出て来た」

という文章を見たら、「東一君」を○で囲みます。

印つけルール２
主な「できごと」「気持ち」に——線を引く

物語では、必ず何かしらの「**できごと**」が起きます。作者は明確な意図をもって「でき

ごと」を起こすからです。

はじめは、どこに——線を引いていいかわからないかもしれませんが、それでもとりあえず**自分で「ここはできごとだな」と思えたら、そこに引いてしまいましょう。**

芥川龍之介『トロッコ』を例にあげてみます。

「或《あ》る夕方、——それは二月の初旬だった。良平は二つ下の弟や、弟と同じ年の隣の子供と、トロッコの置いてある村はずれへ行った」

これは「できごと」です。

また、これよりも少し後の、

「三人の子供は恐る恐る、一番端にあるトロッコを押した」

も「できごと」です。

こうしたところに——線を引くようにします。

この——線は、あくまで自分の頭の整理のために引くもので、別に人に見せるために引くものではありません。

——線を引くことで、自分の頭の中にそのできごとが印象づけられ、慣れてくれば徐々に大事なできごとだけに——線を引くことができるようになっていけばいいと考えてください。

また、「できごと」の起こるところには、人物の「気持ち」も隠れています。

「(良平は) トロッコの車輪を蹴って見たり、一人では動かないのを承知しながらうんうんそれを押してみたり——」

などのように、人物の行動や様子から「気持ち」が感じられることがよくあります。そういうところにも——線を引くようにしましょう。

物語では、「うれしい」「かなしい」などの「心情語(気持ちを表す言葉)」がはっきりと書かれていることはあまりないですが、「気持ち」が感じられたところには、自分で気づいた「心情語」をメモしておくようにするとなおよいでしょう。

印つけルール3

「場面の変わり目」に「V印」を入れる

比較的長い物語の場合に有効な印つけを紹介します。

1つの物語は、いくつかの「場面」から成り立っています。

たとえば、「ももたろう」の紙芝居でいうなら、最初の場面は「むかしむかし、あるところにおじいさんとおばあさんがおりました。ある日、おじいさんは山へ柴刈りに、おばあさんは川へ洗濯に出かけました」のところで、おじいさんとおばあさんが自分の家を出て行くところが絵になっています。

次の場面は、「おばあさんが川で洗濯をしていると、川上から大きな桃が、どんぶらこ、どんぶらこと流れてきました」のところで、おばあさんが川で洗濯しながら大きな桃を発見する絵になっています。

こうした場所や人物、できごとのちがいで1つひとつの場面がつくられています。**場面の変わり目に「V印」を入れると、全体の構成が目に見えやすくなります。**

場面を「映像化」して読むのも大事

もう1つ大事なことは、先ほども少し触れましたが、**これらの印をつけながら各場面を頭の中で「映像化」して読む**ことです。

本好きの子にとっては当たり前のことなのですが、本嫌い、国語嫌いの子は、これがあまりできていないのです。

印つけのしかた2——論説文

論説文の着眼点

論説文とは、筆者の言いたいことを読者によく理解してもらうために、「序論→本論→結論」などの話の進め方で書かれた文章のことです。

まず1つ押さえておくべきことは、**筆者の言いたいことは**、**ふつう世間一般では言われていないこと**だということです。みんながわかっていることなら、いちいち文章にして伝えなくてもいいはずです。

しかし、だれも気づいていなくて、それでいて筆者には独自の意見・視点があり、これを多くの人にぜひわかってほしいということがあるから、筆者はわざわざ論説文を書くのです。

このことを、論説文を読む前に押さえておきましょう。そうするだけで、**選択肢問題でいかにも正しそうなことを言っているものに引っかかりにくくなります。**

印つけルール1

「話題」に○をする

論説文中で一番着目しなければいけないのは「**話題**」です。

話題とは、この文章はいったい何について書かれているのかの「**何**」のことです。この文章の中で一番大事な言葉は何か、各意味段落の中で一番大事な言葉は何かを考えてみて、それに○をしていきます。

はじめのうちは、どこに○をつければいいかわからないかもしれませんが、お子さん自身が「これ」と思ったものに○をすればOKです。

どれが本当の話題なのかと不安に思うかもしれませんが、お子さん自身が○印をしたものがお子さんにとって正しいものなのだというつもりで○印をしていいのです。そのようにして量をこなすなかで、だんだんと納得のいく○印ができていくようになっていきます。

そして、○印をつけながら文章の最後までいったら、文章から少し目を引いて文章全体を眺めてみてください。○印をたどることで、文章全体の話題の流れがよくわかるはずです。

印つけルール2

「重要文」に——線を引く

論説文の中ではさまざまなことが書かれています。なかでも、「**筆者の考え**」がまとめられた文はしっかりと押さえておかなければなりません。こうした文のことを「**重要文**」と呼んでいます。

重要文は、文章の最後にあることが多いのですが、文章の最初や途中などにある場合もあります。「**〜〜と思う**」「**〜〜ではないか**」「**〜〜しなければならない**」といった文末になっている文は、まず重要文です。

これも「話題」と同様、誰かに言われてするのではなく、自分でこれは大事だと思ったものに――線を引いていきます。

「しかし」の直後に重要文がくる

論説文では、

「（世間では）〜〜とよく言われています。しかし、私は――と思います。」

と、まず世間一般の意見を出し、その後に筆者の意見を出す書き方をすることがよくあります。

論説文の書かれ方はどれもだいたいこれに似ていますから、「しかし」という逆接の接続詞の後に筆者の意見（重要文）があることが多くなります。

次の文章は、森本哲郎著『読書の旅』の一部です。この文章に○印、——線をつけてみると、次のようになります。

本とは、まことに不思議なものである。

たぶんに逆説的ないい方になるが、私は本というものは読むために買うべきものではないと思っている。じゃあ、何のために買うのか。そういわれると困るが、強いていえば、書棚に並べるために買うのである。だから私は本を買ってくると、何はともあれ、それを書棚に入れる。そして知らん顔をしている。人から贈られる本にしても同様である。一応、題名、目次などを見、表紙を撫でたりさすったりしたあと、さっそく本棚に並べてしまう。そして読まない。

この文章の場合、「しかし」という逆接の接続詞は出てきませんが、「たぶんに逆説的な

いい方になるが」という言葉があります。これは、「しかし」と同じ役割をしています。実際、この後に筆者の意見（重要文）がきています。

また、ここでの「話題」は「本」ということになるでしょう。あるいは、「(本)を何のために買うか」ともいえます。

先ほど、筆者の意見は「ふつう世間一般で言われていないこと」だと言いましたが、この文章でもそのことがわかっていただけるでしょう。

印つけルール3
「具体例」に⌝ ⌞（かぎかっこ矢印）をつける

「具体例」とは、「たとえば、〜〜」「最近、〜〜」というように、筆者の体験やたとえ話が書かれている部分で、重要文の後や前に書かれていることが多いです。

重要文は、筆者の考えがまとめて書かれているだけですが、それを具体的に説明するのが具体例です。具体例にも印をつけると、さらに構成がわかりやすくなります。

要旨・要約も書けるようになる

論説文に――線が自分で引けるようになると、今度は**それらをつなぎ合わせて、「要約」「要旨」を書くことができるようになります。**

たとえば、文章の最初や中ほど、最後の重要文をつなぎ合わせて、２００字くらいで要約を書いたり、文章の最後の重要文だけを使って要旨を書いたりできます。

ここでは、先の森本哲郎著『読書の旅』で引いた――線をつなぎ合わせて要旨を書いてみましょう。まずは、単純に――線部をつなぎ合わせてみます。

本とは、まことに不思議なものである。
私は本というものは読むために買うべきものではないと思っている。強いていえば、書棚に並べるために買うのである。（72字）

これを、さらに意味のつながりに気をつけながら短くしてみると、

本というものは読むために買うべきものではない。書棚に並べるために買うのである。
（39字）

いかがでしょうか？　このように、——線を引いておくと、要旨・要約も書きやすくなるのです。

印つけのしかた3——随筆文

随筆文の着眼点

随筆文とは、作者の今までの体験や、そのときに感じたこと（感想）が綴られた文章のことです。

お子さんは、随筆が最も読みづらく苦手だと思っているかもしれません。論説文のように理路整然としておらず、それでいて物語のようなストーリーでもない。中途半端なようで、何が言いたいのかわからないといった感じがするのだと思います。

随筆を読む際に気をつけたいことは、**作者の「体験」と「感想」を読み分ける**ことです。

作者がいつ、どこでどんな体験をしたのか。そこで作者はどんなことを感じたのか。これらをしっかりとつかむことを心がけましょう。

印つけルール1

「体験」に┐　└（かぎかっこ矢印）をつける

随筆文の中の作者の体験には┐　└をつけましょう。こうすることで、その前後に作者の感想（考え）があることがわかります。

印つけルール2

「感想」に――線を引く

ルール1の「体験」の前後には、作者の「感想」があります。これに――線を引いて、作者の考えを押さえましょう。

随筆においても、物語と同様、各場面の情景を頭の中で「映像化」して読み進めてみてほしいと思います。

たとえば、向田邦子著「ゆでたまご」（『男どき女どき』〔新潮文庫刊〕所収）で、「体験」と「感想」の読み分けをすると、次のようになります。

運動会の時でした。Ｉは徒競走に出てもいつもとびきりのビリでした。その時も、もうほかの子供たちがゴールに入っているのに、一人だけ残って走っていました。走るというより、片足をひきずってよろけているといったほうが、適切かもしれません。

Ｉが走るのをやめようとした時、女の先生が飛び出しました。

名前は忘れてしまいましたが、かなり年配の先生でした。叱言《こごと》の多い気むずかしい先生で、担任でもないのに掃除の仕方が悪いと文句を言ったりするので、学校で一番人気のない先生でした。その先生が、Ｉと一緒にゴールに入り、Ｉを抱きかかえるようにして校長先生のいる天幕に進みました。ゴールに入った生徒は、ここで校長先生

から鉛筆を一本もらうのです。校長先生は立ちあがると、体をかがめてＩに鉛筆を手渡しました。

愛という字の連想には、この光景も浮かんできます。

今から四十年もまえのことです。

テレビも週刊誌もなく、子供は「愛」という抽象的な単語には無縁の時代でした。

私にとって愛は、ぬくもりです。小さな勇気であり、やむにやまれぬ自然の衝動です。「神は細部に宿りたもう」ということばがあると聞きましたが、私にとって愛のイメージは、このとおり「小さな部分」なのです。


このように印をつけてみると、筆者の子どものころの思い出が「体験」として書かれ、その後にそのときの筆者の「感想」が書かれていることがわかりますね。

随筆をただ漠然と読むのではなく、「体験」と「感想」の読み分けを意識するだけで、**文章の内容がかなり読み取りやすくなる**ことがおわかりいただけたと思います。

記述問題でよく間違う子はどうしたらいい？

印つけをすることによって、ポイントを押さえながら文章を読めるようになったのに、設問にうまく答えられない、なかなか○をもらえない、というのもよく相談される話です。

このようなときにおすすめの勉強法を、本章の最後にご紹介しておきます。

設問を分解する（設問文分析解答法）

設問文を要素分解していくと、次の３つのポイントに分かれます。

①「――線部（傍線部）」

②「問いかけ」

③「条件」

この3つのポイントをすべて満たして、初めて○になります。

しかし、**記述問題をよく間違う子は、この要素のどれかを読み落としていることが少なくありません。**

また、国語の長文問題で出題されるのは主に、

1　**「どういうことですか」**（言いかえ）

2　**「どういう気持ちですか」**（気持ち）

3　**「なぜですか」**（理由）

の3つのパターンしかありません。というわけで、1から順に、問題文の要素（①〜③）を見ていきましょう。

1 「どういうことですか」（言いかえ）問題の解き方

たとえば、次の森本哲郎『読書の旅』の文章と問いを使って考えてみましょう。

たぶんに逆説的ないい方になるが、私は本というものは読むために買うべきものではないと思っている。じゃあ、何のために買うのか。そういわれると困るが、強いていえば、書棚に並べるために買うのである。だから私は本を買ってくると、何はともあれ、それを書棚に入れる。そして知らん顔をしている。人から贈られる本にしても同様である。一応、題名、目次などを見、表紙を撫でたりさすったりしたあと、さっそく本棚に並べてしまう。そして読まない。

なーんていうと、もう私のところへどなたも本を贈ってくださらぬかもしれないが、私としてはそれがこの上ない本への礼儀だと、そう思っているのである。なぜか？

前章でも述べたように、本というのはそうガツガツと読むべきものではないのである。買ってきてすぐ読みだすのは、実用書か参考書のたぐいであって、読み終えたらそれで終わり、という種類の本である。つまり、情報とか知識とかを求めるために読む本であり、その点においては新聞や週刊誌とさして異ならない性格の本である。新聞や週刊誌を何ヵ月もあとになって読む人はいまい。

だが、書物は新聞や雑誌とはちがう。今夜どんな料理をつくろうかと思って買ってきた料理の本なら、すぐ読み始めなければ意味はないが、また、あすの結婚式にどんなスピーチをしたらいいか、その参考のために買い込んできた本なら、その晩読まなければ役に立たぬが、すくなくとも自己の形成に資するために求めた本は、そんなにかんたんに、つまり実用書のように読み始めるべきではなかろう。まあ、あわてずに、ゆっくりと、読書の条件が充分に備わったときにページを開こうではないか。

問題　――線「本というものは読むために買うべきものではない」とありますが、これはどういうことですか。70字以内で答えなさい。

お子さんは、この設問文をなんとなく1つのものとしてとらえていないでしょうか？
しかし、この中には大事な3つの要素が含まれています。
先ほども出てきた、

1つ目が「——線部（傍線部）」
2つ目が「問いかけ」
3つ目が「条件」

ですね。まず、これらの3つの要素をそれぞれしっかり認識し、把握します。

●①「——線部（傍線部）」

なんとなく読み飛ばしている人が多いのですが、この傍線部は非常に大事です。
今回の例の——線部は、「本というものは読むために買うべきものではない」と、一見何を言っているのかわからない部分になっています。

この部分で筆者が本当に意味したいことを読者がきちんとわかっているかどうかを、作問者は確かめたいのです。

――線がどこまで引かれているかを正確に見ることが、設問に正確に答えることにつながります。

次に、――線の中を大きく２つか３つに分けてみましょう。

今回の場合は、２つに分けられます。

「本というものは」と、

「読むために買うべきものではない」の２つです。

このように、――線の中を分けることによってどのような要素があるかがより意識でき、それぞれの要素について言いかえればいいということがわかります。

②「問いかけ」

今回の設問文では、「これはどういうこと」の部分が「問いかけ」にあたります。
つまり、——線内にある言葉を言いかえて説明しなければならないのです。
こういう問題を「言いかえの問題」と呼びます。

そのためには、——線の言いかえとして使える部分を前後から探していきます。この部分のことを「**手がかり**」と呼びます。

ということで、まずはこの「手がかり」をもれなく探していき、**使えそうなところに何らかの印を入れていきます**。「手がかり」が押さえられたら、あとはそれらを自分なりに組み合わせて、指定字数内にまとめていきます。

では、今回の「手がかり」はどこにあるのでしょうか？

まず、——線の直後に「書棚に並べるために買う」とあります。

もちろん、これを使ってもかまいません。ただ、これだけを使っても、「本というものは読むために買うべきものではない」の説明としては不十分です。ですから、この後の部分も見ていきます。

すると、――線の2段落後、3段落後にすぐに読むべきものとそうではないものについて説明されています。特に「すぐに読むべきではない」というところは、「本というものは読むために買うべきものではない」に通じる部分ですので、「手がかり」として使えそうだということで見ていきます。

――線の2段落後の

本というのはそうガツガツと読むべきものではないのである。買ってきてすぐ読みだすのは、実用書か参考書のたぐいであって、読み終えたらそれで終わり、という種類の本である。つまり、情報とか知識とかを求めるために読む本であり、その点においては新聞や週刊誌とさして異ならない性格の本である。

や、――線の3段落後の

書物は新聞や雑誌とはちがう。
すくなくとも自己の形成に資するために求めた本は、そんなにかんたんに、つまり実用書のように読み始めるべきではなかろう。まあ、あわてずに、ゆっくりと、読書の条件が充分に備わったときにページを開こうではないか。

といったところを「手がかり」にできそうです。

ただし、これらを全部解答に盛り込めるわけではありません。
そこで、手がかりを絞る意味でも、論理の組み立てをしやすくする意味でも、これらの中でぜひ使いたい言葉、大事だと思われる言葉で、抽象度のある言葉をチェックして、小さい○などの印を入れておきます（これを「**重要語句**」と呼びます）。

すると、

「重要語句群」

「買ってきてすぐ読みだす」
「実用書か参考書のたぐい」
「読み終えたらそれで終わり、という種類の本」
「新聞や週刊誌とさして異ならない性格の本」
「書物は新聞や雑誌とはちがう」
「自己の形成に資するために求めた本」
「あわてずに、ゆっくりと」

といった言葉になります。

では、これらの「重要語句」をどのように組み合わせたらいいでしょうか。
そこで、今回の設問文をもう一度よく確認します。

問題「本というものは【1】読むために買うべきものではない【2】」とありますが、これはどういうことですか【3】。70字以内で答えなさい。

今回は、――線部「本というものは【1】読むために買うべきものではない【2】」を言いかえるのでしたね。なので、答えも同じ「型」にあてはめて書くようにすればいいのです。

つまり、

前半部分は「本」とはどういうものかの説明、

後半部分は「読むために買うべきものではない」の説明、

を、それぞれ書くようにすればいいのです。

では、先ほどの「重要語句群」の中の言葉で使えそうなものを探し出しましょう。

まず、

【1】前半部分は

「自己の形成に資するために求めた本」

【2】後半部分は

「買ってきてすぐ読みだす」

「実用書か参考書のたぐい」

「読み終えたらそれで終わり、という種類の本」

「あわてずに、ゆっくりと」

となるでしょう。

これを、

【1】　　【2】

「〜〜〜は――ではない」という「型」にあてはめて組み合わせます。

「どういうこと」【3】と問いかけられているので、答えの文末も「〜〜こと」【3】で終えるようにします。

最後に、答えをつくるうえで守らなければならない「条件」を見ていきます。

③条件

今回の問題文の最後に、「70字以内で答えなさい」とあります。これが条件です。

この条件を守らないと、どんなに「問いかけ」に忠実に答えていても×になってしまいます。「70字」という字数の中で、いかに大事な要素、重要語句を入れながら整理して書けるかということが求められているのです。

こうした字数の条件指定のもとで、先ほどの重要語句を組み合わせ、文をつくってみてください。

できましたら、次の解答例とお子さんの答えを見比べてみてください。

（解答例1）

【1】「自己の形成に資するために求めた本は、【2】読み終えたらそれで終わりの実用書か参考書のたぐいではないので、買ってきてすぐ読み出すべきではない【3】こと。」（69字）

となります。これで十分、○をもらえる答えがつくれました。

このほかにも、「型」の「〜〜は」の前を少し長くしてちょっとアレンジした次のような答えでも○がもらえるはずです。

（解答例2）

【1】情報、知識を求めてすぐに読みだす実用書や参考書とはちがい、本とは自己の形成に資

するために読むものだから、【2】あわてて読んではいけないという【3】こと。（70字）

はじめのうちは、字数や言葉のつながりなどがうまくいかなくてもかまいません。

先ほどの「1『どういうことですか』（言いかえ）問題の解き方」でたどってきた次の手順は、必ず守らせるようにしましょう。

・「問いかけ」をつかむ
・「手がかり」を押さえる
・「問いかけ」に合わせて「手がかり」を組み合わせる
・「条件」の字数に合わせる
・「文末」を「問いかけ」に合わせて終える

最初からいい答えが書けることはまずありません。

あくまでも、**記述の方向性が合っていればよしと考えるようにしましょう。**

そして、何が足りなかったのかを解答・解説と照らし合わせながら探っていきます。これを続けていくと、次第に正解に近い答えが書けるようになります。

2 「どういう気持ちですか」（気持ち）問題の解き方

次に、２「どういう気持ちですか」（気持ち）の記述について、次の文章と問いを使って考えてみましょう。

花子のお父さんは仕事がいそがしく、なかなか家にいることができませんでしたが、休みの日は必ず花子と遊んでくれました。花子はそんなやさしいお父さんのことが大好きでした。

しかし昨日、あるいたずらをしたことでお父さんにしかられてしまい、花子は泣いてしまいました。

問題　――線「花子は泣いてしまいました」とありますが、このときの「花子」の気持ちを25字以内で答えなさい。

この問題では「『花子』の気持ち」が問われています。

――線の直前に「お父さんにしかられてしまい」とあるので、ここから気持ちを考えると、「悲しい」とか「悲しい気持ち」と言えます。

しかし、これだけでは「25字以内で答えなさい」という条件に答えられていません。そこで、なぜ「悲しい気持ち」になるのかの理由を添えます。

「悲しい気持ち」だけを書いたならば、別に今回の物語に限らず、他の物語においてもこの答えがあてはまってしまいます。そうではなくて、あくまで今回出題されている物語において「花子が泣いてしまった」理由を説明しなければなりません。

ここで、「お父さんにしかられた」と「悲しい気持ち」とを合わせ、文末を「気持ち」

で結ぶと、

（**解答例**）お父さんにしかられて（理由）**悲しい**気持ち（心情語）。（17字）（文末）

となります。

設問中での制限字数が「25字以内」なので、せめて「20字以上」にしたいところです。

そこで、——線の前の段落にある手がかりにも着目すると、

「花子はそんなやさしいお父さんのことが大好きでした」

とあります。この中の最も大事な要素である「大好き」という言葉を合わせて、

（**解答例**）大好きなお父さんにしかられて悲しい気持ち。（21字）

とします。字数も20字を超えますので、これでOKです（指定字数の8割書けていれば大丈夫です）。

というわけで、「どういう気持ちですか」（気持ち）の記述の答え方は、

「理由」＋「心情語」＋「気持ち」

という書き方になります。

3 「なぜですか」（理由）問題の解き方

では、「理由」を答える記述について、「2」と同じ文章を使って考えてみましょう。

花子のお父さんは仕事がいそがしく、なかなか家にいることができませんでしたが、休みの日は必ず花子と遊んでくれました。花子はそんなやさしいお父さんのことが大好きでした。

しかし昨日、あるいたずらをしたことでお父さんにしかられてしまい、花子は泣いてしまいました。

> 問題　――線「花子は泣いてしまいました」とありますが、「花子」が泣いてしまったのはなぜでしょうか。その理由を25字以内で答えなさい。

こちらも、2と同じく、

（解答例）大好きなお父さんにしかられて悲しかったから。（22字）

理由　心情語　文末

という

「理由」＋「心情語」＋「から」

の順になります。シンプルですね。

つまり、「気持ち」を答える問題も、「理由」を答える問題も、文末を変えるだけで、基本的な書き方は同じになります。

部分的に合っていれば「△」をあげるのがコツ

お母さんがお子さんの記述解答を採点するときには、その**答えが完璧なものでなくても、だいたいの内容、方向性が合っていれば「△」にしてあげてください。**「×」をもらうより、お子さんの励みになるからです。

そもそも、**記述は完璧に書かれていない方がいいのです。**

なぜなら、記述の答えが最初から完璧に書けていると、お子さんがこっそり「正解」を見て写していたり、少し変えて書いていていたりする可能性があるからです。こういうことは本当によくあります。

こういう不正がずっと見つけられずにきて、6年生の夏過ぎに初めて発覚したケースもあります。もちろん、この子は手遅れで、入試までに実力をつけることはできませんでした。

それよりも、お子さんなりのオリジナルが書けている方がずっといいです。その子が自分自身で考えて書いたということですから。

国語の記述はこのように評価して、はずみをつけていくことが大事です。

はじめから完璧を求めるのはかえってよくありません。

では、135ページの問題で、次のような答えはどうでしょうか。

(例)「悲しかったから。」

この場合も、×ではなく、△にしてあげましょう。

それは、花子の気持ちは書けているからです。そして、次のように言ってあげましょう。

「花子が泣いてしまった『気持ち』は書けているね。でも、これだけだと、花子がなぜ泣いてしまったのかの『理由』がないね。

すると、この答えはどんな文章の場合にも書けてしまうよ。それを避けるために、今回のお話ならではの答えを書こう」

このように、子どもには、なぜ△なのかの理由を、できる限り論理的に説明してあげるようにします。すると、子どもは意外にわかってくれます。

逆に、理由がわからないまま、×にされたり△にされたりすると、子どもは困ってしまいます。

できるだけ、「論理的に説明しよう」という心がけが大事です。

「なんでこんな問題もできないの?」などと言うよりも、ずっと意味があります。

選択肢問題でよく間違う子はどうすればいい？

基本的には、記述問題と同じです。116ページで紹介した

①「――線部（傍線部）」

②「問いかけ」

③「条件」

という3つのポイントを確実に押さえながら解きます。

それでは、次のような選択肢問題があったとしましょう。

（ここでは、選択肢の選び方に特化するため本文の一部だけを抜粋し、問いと解答を中心に載せていき

ます。）

ちまたにあふれる情報には、本当のものとウソのものがある。だから、情報に踊らされないためには自分で判断できるようにならなければならないと言う人もいる。

問題　――線「情報に踊らされない」とありますが、この説明としてもっともふさわしいものを次から選び、記号で答えなさい。

ア　ちまたにあふれる情報の役立つところだけを選んで、損をしないようにすること
イ　ちまたにあふれる情報はウソだから、うのみにしないようにすること
ウ　ちまたにあふれる情報を考えなしに信じないようにして、振り回されないようにすること
エ　ちまたにあふれる情報をできるだけ多く取り入れて、時代に遅れないようにすること

「問いかけ」と「条件」については、122ページ以降の記述問題と考え方は同じです。

選択肢を分解して、○×をつける

「――線部」を見ると、「情報に踊らされない」とあります。この言葉は比喩（たとえ）ですが、これが言わんとしている意味を説明したものを4つの選択肢から選びます。

その際、前後の内容から、「――線部」がどんな意味で使われているのかを自分の中で置きかえておきます。そして、それに一番近い選択肢を選びます。

――線の中を大きく2つに区切っておくと、「情報に」と「踊らされない」に分けられます。「情報に」と「踊らされない」がそれぞれどんな意味を表しているのかを自分なりに言いかえておきます。

「情報に」は、「まわりから聞こえてくるもの」「世の中に広まっているもの」といった意味で、「踊らされない」は「左右されない」「まどわされない」といった意味だと考えておきます。

ここで初めて、選択肢の方を見ます。選択肢を選ぶ際に気をつけたいのは、**選択肢の一文を1つのものとして見ない**ことです。

選択肢の中を大きく2つ（場合によっては3つ）の部分に分けて、それぞれの部分が――線部で言っていること（自分なりの言いかえ）と合っているかどうか、本文と照らし合わせながら確認していきます。

その際に、次のような「**小さな×・○」印をつける**といいでしょう。

○　　　　　　　　　　×

ア　ちまたにあふれる情報の｜役立つところだけを選んで、損をしないようにすること

イ　ちまたにあふれる情報は　○　ウソだから、うのみにしないようにすること　×

ウ　ちまたにあふれる情報を　○　考えなしに信じないようにして、振り回されないようにすること　○

エ　ちまたにあふれる情報を　○　できるだけ多く取り入れて、時代に遅れないようにすること　×

それぞれの選択肢の部分を自分で言いかえた言葉と照らし合わせていくと、このように印つけができました。このようにして、選択肢の1つひとつの部分を○×で検討していけば、選択肢選びでのミスが大幅に減ります。

印をするのとしないのとを比べたら、印をする方が早く正確に解くことができます。なぜなら、印がついていると根拠が断然わかりやすくなるからです。

これは、ある意味「慣れ」です。問題をいくつも解くなかで、印つけの作業など、自分なりの工夫を取り入れることで、思ったよりも早くできるようになっていきます。

逆に言うと、今まで選択肢問題ができていなかったとしたら、ここまで細かく選択肢の分析をしていなかったためだと思われます。

選択肢問題は、選択肢の微妙な表現の違い、言葉の違いで〇、×が分かれることが少なくありません。

こうした細かなチェックに慣れて、いかに早くこなせるようになるかが、選択肢問題で得点するコツです。そのためには、以上のことを意識しながら、ある程度の数をこなす必要があります。

第3章

国語が得意科目になる「印つけ」読解法【実践編】

中学入試問題に挑戦しよう！

実際に「印つけ」をやってみよう！

さて、いよいよこの章では、実際の中学入試問題に挑戦してみましょう。内容がわからないところがあってもなくても、お子さんにぜひ一度読んでおいてほしい良質な文章をご用意しましたので、ぜひ親子でやってみてください。

この章では、文章・問題により取り組みやすくするための工夫として、次の「ステップ」を用意しました。次の「ステップ」にしたがって読み進めてみてください。

ステップ1　…　言葉の意味を参考にして文章を読む
ステップ2　…　文章に印をつける
ステップ3　…　意味段落分け（場面分け）・重要文（大事なできごと）の再確認

ステップ4　…　各問いの考え方（お母さんのヒントの出し方）

ステップ5　…　解説・解答（子ども自身が○つけをするときの考え方・基準）

「ステップ1・2・3」は、**文章を読解する**ためのステップです。ステップ1から2、3と進むにつれ、文章全体から重要文のチェックへと、少しずつ細分化して読解を進められるようにしています。

まずステップ1では、言葉の意味を参考にしながら文章全体を通読します。これで、文章全体について一度読んだことになります。

ステップ2では、自分なりに文章に「印つけ」をしていくことで着眼点を定め、大事なところを自分の中に落とし込み、文章をより深く理解していきます。

ステップ3では、１つの文章をいくつかに分けます。分けるからには、それぞれの意味段落ごとの意味のまとまりを意識しなければなりません。

意味段落分けをすることにより、文章のつくり・構成を見抜くことになり、文章内容を深く理解することにつながります。

次の「ステップ４・５」は、**問いと答えの理解を深めるため**のステップです。

ステップ４を読む前に、自分でつけた印をもとに、ノーヒントで問題を解いておくことが非常に重要です。仮に問題がさっぱりわからなくても、どのくらいわからなかったのかを知る必要があるからです。

どうしても問題がわからないときにだけ、このステップ４を読んでください。問いが解けない子の背中を、ちょっと一押ししてくれるようなヒントが載っています。

これがお子さんの思考をもう一段階促します。もちろん答えは教えていません。

ステップ５は「解答・解説」です。設問の答えと、なぜこの答えになるのかの理由が解説されています。お子さん自身が設問をよく考え、お子さんなりの答えを出したあとに読んでください。

その際、いかに納得できるかが大事です。もしお子さんが誤答していても、解説を読んで納得できたならばそれはＯＫです。

しかし、納得できない場合は、どこがどのように納得できないのかを親御さんとよく話し合うようにしてください。

それでは、準備はよろしいでしょうか？　さっそく、最初の問題に入りましょう。

問題1
横浜雙葉中学校（2003年）

　ここでは、神奈川県の有名女子校「横浜雙葉中学校」の論説文問題をやってみましょう。文章は、生命科学者の中村桂子氏による『「生きもの」感覚で生きる』です。ふだんの生活でのできごとから人間について深く考えさせる文章です。

　ここで、基本的な「論説文の読み方」を再度押さえておきましょう。

論説文の読み方のポイント（おさらい）

　論説文とは、さまざまな具体例や理由の説明などを通して、筆者の言いたいことを読者に伝える文章のことです。最終的には、筆者がどんな感想、考えを抱いたのかをつかむことが大事になってきます。

そのため、次のようなルールで文章に「印つけ」をすると読みやすくなります。印をつけることで視覚的に内容が整理され、文章の内容をつかみやすくなり、問題を解くときの手がかりにもなります。

1　「話題」に○をする
2　「重要文」に――線を引く
3　「具体例」に ⌝ ⌞（かぎかっこ矢印）をする

おさらいが終わったら、ページをめくって入試問題に挑戦しましょう！

国語が苦手な人は、この文章を読むだけでもかまいません。設問も全部解かなくてもかまいません。時間がかかっても、自力で考えることを最優先してください。

問題　次の文章を読んで、後の問いに答えなさい。

生きることを取り巻く状況《じょうきょう》はいま、おかしな状態になっています。生命はなににも増して大切だと声高にいわれながら、実際には、生命が大切にされているとは思えないことが次々と起きています。犯罪にしても、お腹がすいてたまらずに盗《ぬす》みをするとか、恨《うら》みが重なって人を傷つけるとか……もし私が同じような状態に追い込《こ》まれたらそうしてしまうかもしれないと思うような、原因があっての行為《こうい》ではないものがふえています。通りすがりの人を殺したり、マナーをたしなめた人を刺《さ》したりと、なぜそんなことをしてしまうのか理解できない犯罪が多いのです。

最近の犯罪は理解できないというのは、人間としてこのへんまでは同じ考え方ではないかと思っているのに、どうもそうではないようだという気持ちです。「最近の若者は理解できない」といったり、逆に若い人たちには、学校の先生の要求が理解できなかったり。

世の中は混乱しています。人間同士、お互《たが》いに理解しあえる共通基盤《きばん》をできるだけもつようにしなければ、まさに不安で暮らしにくい世の中になります。

本来わからないものをすべてわからせようとし、本来理解しあわなければいけないところを、わからないといってすませてしまっているのですから問題です。①これを逆にするのが、生きものを基本にするという考え方であり、それが、生命を大切にすることにつながり、暮らしやすい社会につながる道だと思います。

自然や人間についてはわからないことがあることを認め、一方で人間同士はわかりあい（少なくともわかりあえるはずだと思い）、落ち着いた気持ちで暮らしていくための秘訣《ひけつ》は「想像力」をもつことだと思います。人間にとってもっとも大事で、[a]いまいちばん欠けているのが想像力ではないでしょうか。

よく、創造力のある人を育てようといいますが、創造力は「想像力の[1]」だと思います。

②狂言《きょうげん》の茂山千之丞《しげやませんのじょう》さんとお話をしていたら、舞台《ぶたい》で演じているとき、客席から多くの人の想像力が感じられるときがいちばんのっていける。自分のやれることは説得したり教えこんだりすることではなく、人々の想像力をかき立てることだとおっしゃいました。よい舞台を観《み》に行くということは、そういうことなのでしょう。文学・演劇・美術などすべて③その役割を果たしてくれます。

狂言では、最初から舞台に登場していながら、少しも動かない人はそこにはいないのだという約束事になっているのだそうです。いるものをいないと感じるほうが、本当にいないときよりも［２］が増す。そういう約束のうえで事を進めていけば、よりふくらみのある舞台をつくることができて、客席もより豊かなものを得られるわけです。その関係ができたとき、お客様の想像力をもらって、昔から続いてきた型までが変わっていくことがあるそうです。こうして伝統を守りながら新しいものを創造していくのだと茂山さんは話してくださいました。

機械は想像力を要求しませんが、④生きものの向こうにはつねに想像力が必要です（もっとも新しい機械を生み出すときには、おそらく機械にもそれを感じるのではないかと思います。そこには技術者魂《だましい》がある。ただ、マニュアルどおりに使いこなすというときには、わかっていることだけで充分《じゅうぶん》です）。想像力の基本は、さまざまな事柄《ことがら》や生きものや人とのあいだの関係に思いをいたすということです。生きものはすべて関係のなかにある。孤立《こりつ》したものはないので、想像力が必要になるのです。

［ｂ］、電車の椅子《いす》は人数が決まっています。ここは七人掛《が》け、ここは五人用ということは、［３］でわかります。座るときには人数に合うように座りますし、近くの人が上手に座らないために、本来七人掛けのところに六人しかいないと落ち着きません。もうちょっと動いて、七人座れるようにすればいいのに、どうしてほかの人のことを考えられないんだろう

と気になります。そこで口を出すと、最近は命が危ないこともあるのでなかなか行動はとりにくいのですが、わかってくれないかなあと気になります。

　ここは七人で分けるものだという全体の把握《はあく》ができ、自分がちょっと動けばあの人が座れるだろうと思う。これが想像力です。相手の気持ちを考えたり、自分がここにいるということだけでなく、遠くから全体を見たときにここはどうなっているのだろうと考えられる力、それを想像力といっているのであり、(注)ファンタジックなことを考えるという意味ではありません。

　それがわかるということは、⑤そこにいる人々のあいだに関係ができることです。直接話しあうわけではないし、⑥一生のあいだもう二度と会わない人である場合も少なくありません。けれどもそこにいるあいだは、お互いが一つの椅子を分けあっているという関係があるわけです。でたらめに座っているときは、周囲の人々は無関係になってしまいます。生きものの本質は、外との関係があることであり、知りあいでなくても関係がつくれることが大事です。

　最近、車内で自分たちだけの世界をつくっている若者たちが目につきます。仲間内での距離《きょり》は小さく、他の人はいないかのようになっています。他人を許容する距離というのは、生物的な面と文化的な面とで決まるという研究があります。もしかしたら、最近の文化環境《かんきょう》ではこの許容距離が小さくなっており、注意をする人、［　C　］自分たちの世界に入りこんでくる他人は許せないのでしょうか。

公共の場での関係のとり方を個人の側からみてきましたが、全体のなかでの位置づけという側面から見ると、「分」につながります。「分」という言葉は身分という形で、封建《ほうけん》社会で生まれによって生き方を決めてしまう意味で使われたのでマイナスのイメージがありますが、そうではなく、自らが自らの位置づけを知るという意味で大事なことです。

つねに分がわかっていることこそ、生きものの基本です。仲間だけを区別し、そこにだけ気持ちを向けるのではなく、全体を考える。電車の座席のなかでの自分の取り分がおのずとわかることは、まさに生きもの感覚です。友だちとケーキを分けるときの分、世界のなかでの日本人としての分、A地球上に生きる生きものの一つとして人間がわきまえるべき分。さまざまな場面で分がおのずとわかる感覚を身につけていると、上手に生きられるはずです。

想像力をもち、周囲との関係に気を配り、分をわきまえるという態度は［Ｉ］な関係だけでなく、［Ⅱ］な広がりも生みます。私たち人間の特徴《とくちょう》は過去を考え、未来をおもんぱかれることです。子どもは「明日」が考えられるようになるとき人間らしくなるといいます。今という時しかない状態から、未来へと自分の時間が広がるときです。未来を考える能力は、自分の未来にとどまらず、次の世代まで考えることを可能にします。過去についても同じです。

（『「生きもの」感覚で生きる』より）

（注）ファンタジック…現実を離《はな》れて夢でも見ているような様子。

問一　〰線あ「たしなめた」・〰線い「おもんぱかれる」とは、どのような意味ですか。次の中から最も適切なものを選んで、記号で答えなさい。

あ
ア　強制した
イ　注意した
ウ　身につけた
エ　実行した

い
ア　大切にあつかうことができる
イ　正確に計ることができる
ウ　十分に支配することができる
エ　深く考えることができる

問二　――線①「これを逆にする」とありますが、どのようなことですか。次の中から最も適切なものを選んで、記号で答えなさい。

ア　自然や人間を理解するには、本質的に不明なことがあることを前提にせず、共に理解しあうように努力する必要があると考えること。

イ　自然や人間を理解するには、わかりあえないことはないという前提に立ってのぞみ、困難を克服《こくふく》する姿勢が必要であると考えること。

ウ　自然や人間を理解するには、不明なことがあることを認めながら、人間同士の場合にはわかりあおうとする努力が必要だと考えること。

エ　自然や人間を理解するには、それぞれが異なった想像力を働かせて、すべてをよりよく理解しようとする努力が必要であると考えること。

問三　［a］・［b］・［c］に入る最も適切な言葉を次の中から選んで、記号で答えなさい。

a　ア　それとも　イ　しかも　ウ　さて　エ　では
b　ア　しかも　イ　そもそも　ウ　たとえば　エ　ただし
c　ア　むしろ　イ　それで　ウ　とはいえ　エ　つまり

問四　［1］・［2］・［3］に入る最も適切な言葉を次の中から選んで、記号で答えなさい。

1　ア　荷物　イ　禁物　ウ　作物　エ　産物
2　ア　人情味　イ　現実味　ウ　真剣味　エ　人間味
3　ア　目分量　イ　仕事量　ウ　練習量　エ　許容量

問五　――線②「狂言の茂山千之丞さんとお話をしていた」とありますが、この話はどのようなことですか。次の中から最も適切なものを選んで、記号で答えなさい。

ア　役者が観客に正しい鑑賞《かんしょう》の仕方を教えることで、かえって役者に新しい芸の創造力がわいてくるということ。

イ　役者が観客の想像力をもらうことで、伝統的なものを守りながら新しいものをつくり上げてゆくということ。

ウ　役者が観客から経済的援助《えんじょ》をしてもらい、より多くの人が伝統的な狂言を鑑賞できるようにするということ。

エ　役者が観客から新しい芸を創造できるような個性的な想像力をもらえるように、ふだんからかかわるということ。

問六　――線③「その役割を果たしてくれます。」とありますが、「その役割」とはどのようなことですか。文中からぬき出して答えなさい。

問七　――線④「生きものの向こうにはつねに想像力が必要です」とありますが、それはなぜですか。その理由を文中の言葉を使って、三十字以内で答えなさい。

問八　――線⑤「そこにいる人々のあいだに関係ができることです。」とありますが、それはどのようなことですか。次の中から最も適切なものを選んで、記号で答えなさい。

ア　そこにいる人たちと直接に話したりすることで、今までとはちがう豊かな関係が生まれるということ。

イ　自分だけを考えるのではなく、周囲の人たちへの配慮《はいりょ》を考えることで新しい関係が生まれるということ。

ウ　一生のあいだに二度と会わない人たちとも、うちとけて触《ふ》れ合うことで深い関係が生まれるということ。

エ　自分だけを念頭に置くのではなく、自然や人間を仲間としてつき合うことでよい関係が生まれるということ。

問九　――線⑥「一生のあいだもう二度と会わない」とありますが、そのことと最も関係の深い四字熟語を次の中から選んで、記号で答えなさい。

ア　一日千秋　イ　一期一会　ウ　日進月歩　エ　二束三文

問十　[Ｉ]・[Ⅱ]にはどのような言葉が入りますか。次の中から最も適切な組み合わせを選んで、記号で答えなさい。

ア（Ｉ　主観的　Ⅱ　客観的）
イ（Ｉ　歴史的　Ⅱ　伝統的）
ウ（Ｉ　立体的　Ⅱ　地理的）
エ（Ｉ　空間的　Ⅱ　時間的）

問十一　筆者が考える「生きもの感覚」とは、どのようなことですか。文中の言葉を使ってまとめて答えなさい。

問十二　――線Ａ「地球上に生きる生きものの一つとして人間がわきまえるべき分」とありますが、今の地球社会のありさまを見てあなたはどのようなことを考えますか。あなたの考えを百字以内で説明しなさい。

ステップ1

言葉の意味を参考にして文章を読む

次の「言葉の意味」を参考にしながら、文章を読んでみてください。

状況《じょうきょう》…そのときのようす。
声高《こわだか》…声を高く張り上げる。
行為《こうい》…ある目的をもってする行い。
通《とお》りすがり…偶然通りかかること。
マナー…社会のルールを保つふるまいをするために守ること。
刺《さ》す…ここでは刃物などで人を殺すこと、という意味。
共通《きょうつう》…2つ以上のものにあてはまること。
基盤《きばん》…一番基本になっていることがら。
同士《どうし》…互いにある共通の関係にあるなかま。
秘訣《ひけつ》…こつ。

想像力《そうぞうりょく》…頭の中で予想したり、新しいことを思いえがいたりすること。
創造力《そうぞうりょく》…それまでなかったものを初めてつくりだすこと。
孤立《こりつ》…他からはなれて1つだけで存在すること。
上手《じょうず》…うまく。
把握《はあく》…よくわかること。よく理解すること。
ファンタジック…現実をはなれて夢でも見ているようなようす。
本質《ほんしつ》…物事の本来の性質・要素。
許容《きょよう》…許して、受け入れること。
公共《こうきょう》…広く世間一般の人々にかかわっていること。
位置《いち》づけ…場所を決めること。
側面《そくめん》…ここでは一面という意味。
分《ぶん》…人が置かれた立場、身分。
封建社会《ほうけんしゃかい》…土地の支配者である領主が農民を身分的に支配する関係をもとにする社会。
場面《ばめん》…あることが行われているその場のようす。シーン。
態度《たいど》…あるものごとに対したときの人のようす。

特徴《とくちょう》…他と比べてとりわけ目立つ点。特色。

世代《せだい》…生まれた時代が共通している集団。

ステップ2　文章に印をつける

文章中の「重要語句」に○、「重要文」に——線、「具体例」に┐　└をつけましょう。

終わったら、次のサンプルと比べてみましょう（これは1つの例にすぎません）。

生きることを取り巻く状況《じょうきょう》はいま、おかしな状態になっています。生命はなににも増して大切だと声高にいわれながら、実際には、生命が大切にされているとは思えないことが次々と起きています。犯罪にしても、お腹がすいてたまらずに盗《ぬす》みをするとか、恨《うら》みが重なって人を傷つけるとか……もし私が同じような状態に追い込《こ》まれたらそうしてしまうかもしれないと思うような、原因があっての行為《こうい》ではないものがふえています。通りすがりの人を殺したり、マナーをたしなめた人を刺《さ》したりと、なぜそんなことをしてしまうのか理解できない犯罪が多いのです。

最近の犯罪は理解できないというのは、人間としてこのへんまでは同じ考え方ではないかと思っているのに、どうもそうではないようだという気持ちです。「最近の若者は理解できない」といったり、逆に若い人たちには、学校の先生の要求が理解できなかったり。

世の中は混乱しています。人間同士、お互《たが》いに理解しあえる共通基盤《きばん》をできるだけもつようにしなければ、まさに不安で暮らしにくい世の中になります。

本来わからないものをすべてわからせようとし、本来理解しあわなければいけないところを、わからないといってすませてしまっているのですから問題です。①これを逆にするのが、生きものを基本にするという考え方であり、それが、生命を大切にすることにつながり、暮らしやすい社会につながる道だと思います。

自然や人間についてはわからないことがあることを認め、一方で人間同士はわかりあい（少なくともわかりあえるはずだと思い）、落ち着いた気持ちで暮らしていくための秘訣《ひけつ》は「想像力」をもつことだと思います。人間にとってもっとも大事で、 a いまいちばん欠けているのが想像力ではないでしょうか。

よく、創造力のある人を育てようといいますが、創造力は「想像力の 1 」だと思います。

②狂言《きょうげん》の茂山千之丞《しげやませんのじょう》さんとお話をしていたら、舞台《ぶたい》で演じているとき、客席から多くの人の想像力が感じられるときがいちばんのっていける。自分のやれることは説得したり教えこんだりすることではなく、人々の想像力をかき立てることだとおっしゃいました。よい舞台を観《み》に行くということは、そういうことなのでしょう。文学・演劇・美術などすべて③その役割を果たしてくれます。

狂言では、最初から舞台に登場していながら、少しも動かない人はそこにはいないのだという約束事になっているのだそうです。いるものをいないと感じるほうが、本当にいないときよりも 2 が増す。そういう約束のうえで事を進めていけば、よりふくらみのある舞台をつくることができて、客席もより豊かなものを得られるわけです。その関係ができたとき、お客様の想像力をもらって、昔から続いてきた型までが変わっていくことがあるそうです。こうして伝統を守りながら新しいものを創造していくのだと茂山さんは話してくださいました。

機械は想像力を要求しませんが、④生きものの向こうにはつねに想像力が必要です（もっとも新しい機械を生み出すときには、おそらく機械にもそれを感じるのではないかと思います。そこには技術者魂《だましい》がある。ただ、マニュアルどおりに使いこなすというときには、わかっていることだけで充分《じゅうぶん》です）。想像力の基本は、さまざまな事柄《ことがら》や生きものや人とのあいだの関係に思いをいたすということです。生きものはすべて関係のなかにある。孤立《こりつ》したものはないので、想像力が必要になるのです。

[b]、電車の椅子《いす》は人数が決まっています。ここは七人掛《が》け、ここは五人用ということは、[3]でわかります。座るときには人数に合うように座りますし、近くの人が上手に座らないために、本来七人掛けのところに六人しかいないと落ち着きません。もうちょっと動いて、七人座れるようにすればいいのに、どうしてほかの人のことを考えられないんだろうと気になります。そこで口を出すと、最近は命が危ないこともあるのでなかなか行動はとりにくいのですが、わかってくれないかなあと気になります。

ここは七人で分けるものだという全体の把握《はあく》ができ、自分がちょっと動けばあの人が座れるだろうと思う。これが想像力です。相手の気持ちを考えたり、自分がここにいるということだけでなく、遠くから全体を見たときにここはどうなっているのだろうと考えられる力、それを想像力といっているのであり、ファンタジック(注)なことを考えるという意味ではありません。

それがわかるということは、⑤そこにいる人々のあいだに関係ができることです。直接話しあうわけではないし、⑥一生のあいだもう二度と会わない人である場合も少なくありません。けれどもそこにいるあいだは、お互いが一つの椅子を分けあっているという関係があるわけです。でたらめに座っているときは、周囲の人々は無関係になってしまいます。生きものの本質は、外との関係があることであり、知りあいでなくても関係がつくれることが大事です。

最近、車内で自分たちだけの世界をつくっている若者たちが目につきます。仲間内での距離《きょり》は小さく、他の人はいないかのようになっています。他人を許容する距離というのは、生物的な面と文化的な面とで決まるという研究があります。もしかしたら、最近の文化環境《かんきょう》ではこの許容距離が小さくなっており、注意をする人、[C]自分たちの世界に入りこんでくる他人は許せないのでしょうか。

公共の場での関係のとり方を個人の側からみてきましたが、全体のなかでの位置づけという側面から見ると、「分」につながります。「分」という言葉は身分という形で、封建《ほうけん》社会で生まれによって生き方を決めてしまう意味で使われたのでマイナスのイメージがありますが、そうではなく、自らが自らの位置づけを知るという意味で大事なことです。

つねに分がわかっていることこそ、生きものの基本です。仲間だけを区別し、そこにだけ気持ちを向けるのではなく、全体を考える。電車の座席のなかでの自分の取り分がおのずとわかることは、まさに生きもの感覚です。友だちとケーキを分けるときの分、世界のなかでの日本人としての分、A地球上に生きる生きものの一つとして人間がわきまえるべき分。さまざまな場面で分がおのずとわかる感覚を身につけていると、上手に生きられるはずです。

想像力をもち、周囲との関係に気を配り、分をわきまえるという態度は［Ⅰ］な関係だけでなく、［Ⅱ］な広がりも生みます。私たち人間の特徴《とくちょう》は過去を考え、未来をおもんぱかれることです。子どもは「明日」が考えられるようになるとき人間らしくなるといいます。今という時しかない状態から、未来へと自分の時間が広がるときです。未来を考える能力は、自分の未来にとどまらず、次の世代まで考えることを可能にします。過去についても同じです。

（『「生きもの」感覚で生きる』より）

ステップ3 意味段落分け・重要文の再確認

この文章の構成を大まかにつかみ、「話題」で大きく3つの意味段落に分け、その意味段落の最初の5字をぬき出してください。また、その意味段落の中で一番大事な重要文をぬき出してください（もし、わからなければ飛ばしてもいいです）。

〔解答例〕

・**第一段落**

（初めの5字）生きること

（一番大事な重要文）（例）生きることを取り巻く状況はいま、おかしな状態になっています。

・**第二段落**

（初めの5字）自然や人間

（一番大事な重要文）（例）人間にとってもっとも大事で、［ａ］いまいちばん欠けているのが想像力ではないでしょうか。

・第三段落

（初めの５字）公共の場で

（一番大事な重要文）（例）つねに分がわかっていることこそ、生きものの基本です。

ステップ４　各問いの考え方（お母さんのヒントの出し方）

解答はまだ見ないで、次のヒントを見て考えてみましょう。

問一　言葉の意味を答える問題です。

（あ）〜〜線部の前後を見てみると、「通りすがりの人を殺したり、マナーをたしなめた人を刺したり」とある。マナーをどうした（どのようにした）のかな。ここから〜〜線部の意味を考えてみて。

（い）〜〜線部の前後を見てみると、「私たち人間の特徴は過去を考え、未来をおもんぱかれることです。子どもは『明日』が考えられるようになるとき人間らしくなるといいます。今という時しかない状態から、未来へと自分の時間が広がるときです。未来を考える能力は、自分の未来にとどまらず、次の世代まで考えることを可能にします。過去についても同じです」とある。「未来をおもんぱかる」ということは明日が考えられるということだよ。

問二 ——線①「これを逆にする」の「これ」は、すぐ前の「本来わからないものをすべてわからせようとし、本来理解しあわなければいけないところを、わからないといってすませてしまっているのですから問題です」を指しているね。

また「これを逆にする」とは、——線①の数行後の「自然や人間についてはわからないことがあることを認め、一方で人間同士はわかりあい（少なくともわかりあえるはずだと思い）、落ち着いた気持ちで暮らしていくための秘訣は『想像力』をもつことだ」ということ。ここを手がかりにして考えよう。

問三　［a］の上が「人間にとってもっとも大事で」、下が「いまいちばん欠けているのが」とあり、どちらも「想像力」についてのことを言っているね。「想像力」の要素を2つ並べていると考えよう。

［b］の直前に、「想像力の基本は、さまざまな事柄や生きものや人とのあいだの関係に思いをいたすということです。生きものはすべて関係のなかにある。孤立したものはないので、想像力が必要になるのです」とあり、直後には「電車の椅子は人数が決まっています〜」とある。ここから電車の座席の具体例になっているよ。

［c］の直前には「注意をする人」とあり、直後には「自分たちの世界に入りこんでくる他人」とあり、［c］の上と下とで同じ内容を言っているね。

問四　［1］……［1］の前後を見ると、「創造力は『想像力の［1］』だと思います」とある。また、——線②から始まる「狂言の茂山千之丞さん」のお話の中に、「舞台で演じているとき、客席から多くの人の想像力が感じられるときがいちばんのっていける」「こうして伝統を守りながら新しいものを創造していく」といった部分がある。これらから考えよう。

［2］……［2］の前後を見てみると、「狂言では、最初から舞台に登場していながら、少しも動かない人はそこにはいないのだという約束事になっているのだそうです。いるものをいないと感じるほうが、本当にいないときよりも［2］が増す。そういう約束のうえで事を進めていけば、よりふくらみのある舞台をつくることができて、客席も豊かなものを得られるわけです」とあるね。

「いるものをいないと感じるほうが、本当にいないときよりも［2］が増す〜よりふくらみのある舞台をつくることができ（る）」といっているので、想像力によってかえってどんなものが増すのかを考えてみて。

［3］……［3］の前後を見てみると、「電車の椅子は人数が決まっています。ここは七人掛け、ここは五人用ということは、［3］でわかります。座るときには人数に合うように座りますし、〜どうしてほかの人のことを考えられないんだろうと気になります」とある。

ここから考えよう。

問五　――線②「狂言の茂山千之丞さん」のお話の具体例は、――線②から――線④の前の行まで。特に、この具体例の最初と最後の部分に茂山さんの考えがまとめられているから、ここを手がかりにしよう。

問六　――線③「その役割」は、すぐ前の「茂山千之丞さん」が話している狂言が果たしている役割を指している。「狂言」と「文学・演劇・美術」が果たす役割の共通する部分をぬき出そう。

問七　――線④「生きものの向こうにはつねに想像力が必要です」の直後は（　）書きで「機械」についての話になっているから、その後の「想像力の基本は～孤立したものはないので、想像力が必要になるのです」のところがその理由になっている。

この中で、最も大事な部分だけを使って30字以内でまとめるようにしよう。

問八　――線⑤「そこにいる人々のあいだに関係ができることです」とはどういうことかという

説明は、――線⑤の直後からこの段落の終わりまでに書かれている。

特に、最後の部分「生きものの本質は、外との関係があることであり、知りあいでなくても関係がつくれることが大事です」の部分が主な手がかりとなるので、ここをもとに考えるようにしよう。

問九 字から意味を類推しよう。アは「一日に千回秋が来る」、イは「一つの期（とき）に一つの出会いがある」、ウは「日に進み、月に歩む」、エは「一束で三文（文：もんはお金の単位。一文無しといったら一円も持っていないというイメージ）」。

問十 [Ⅰ]、[Ⅱ]の前の段落では、電車の座席の中での自分の取り分、友だちとケーキを分けるときの分、世界の中での日本人としての分、地球上に生きる生きものの1つとして人間がわきまえるべき分について書かれているね。

そして、[Ⅰ]、[Ⅱ]の後には、人間の特徴は過去を考え、未来をおもんぱかれることや子どもが「明日」が考えられるようになるとき人間らしくなる、と書かれている。

[Ⅰ]と[Ⅱ]は、ちょうど意味的に反対の語が入りそうだね。

問十一　「生きもの感覚」という言葉を探してみよう。すると、――線Ａの少し前「まさに生きもの感覚です」というところしかない。ではこの前後を見ていくと、「つねに分がわかっていることこそ、生きものの基本です。仲間だけを区別し、そこにだけ気持ちを向けるのではなく、全体を考える。電車の座席のなかでの自分の取り分がおのずとわかることは、まさに生きもの感覚です」とある。

そして、これらについて次の段落では、「想像力をもち、周囲との関係に気を配り、分をわきまえるという態度は［Ⅰ］な関係だけでなく、［Ⅱ］な広がりも生みます。私たち人間の特徴は過去を考え、未来をおもんぱかれることです」とまとめられている。

ここを手がかりに使って答えれば、「生きもの感覚」を答えたことになるね。

問十二　設問文をいま一度よく見てみよう。この問いからどんなことを考えていけばいいのか？　まず、人間がこの地球上で分をわきまえないでいることを考えてみる。どんなことが考えられるだろうか？　たとえば、人間が地球上で好き勝手にやってしまっていることを思い浮かべてみよう（要素１）。

それが思い浮かんだら、それらを今後人間自身がどうしていったらいいのかを考えてみよう（要素2）。

これらが考えられたら、次のような構成で書いてみよう。

「今、人間は（要素1）をしてしまっている。↓これからは（要素2）にしていくべきだと思う。」という「現状↓これから」という構成で。

ステップ5 解説・解答（子ども自身が丸つけをするときの考え方・基準）

問一 〔解答〕あ イ い エ

問二 選択肢問題では、選択肢全体を1つとして見るのではなく、選択肢の中を2、3つに分けたりして、それぞれの部分が本文と合っているかどうかを見ていってください。すると、必ず正解以外の選択肢の中には必ずキズ（×）があります。ここをしっかりとチェックするようにしてください。

では、1つひとつ見てみましょう。
アは「本質的に不明なことがあることを前提にせず」が×。
イは「わかりあえないことはないという前提に立ってのぞみ」が×。
エは「すべてをよりよく理解しようとする努力が必要であると考える」が×。

〔解答〕ウ

問三 [a]……「並列」「添加」の接続詞は「イ　しかも」になります。
[b]……具体例があとに続いているので、ここには「ウ　たとえば」が入ります。
[c]……[c]の上と下とで同じことを言っているということは、「言いかえ」の関係になっているということです。ここには「エ　つまり」が入ります。

〔解答〕a イ　b ウ　c エ

問四 [1]……「狂言の茂山千之丞さん」のお話の中に「舞台で演じているとき、

客席から多くの人の想像力が感じられるときがいちばんのっていける」とあったり、「こうして伝統を守りながら新しいものを創造していく」といった部分があったりします。これらから考えて、「エ　産物」が入ります。

2　……「いるものをいないと感じるほうが、本当にいないときよりも 2 が増す〜よりふくらみのある舞台をつくることができ（る）」と言っているので、「想像力」の反対の内容の「イ　現実味」が入ります。

3　……電車の座席に腰をかけたときには、ここは七人掛け、ここは五人用というふうことがなんとなくわかりますよね、ということなので「ア　目分量」になります。

〔解答〕　1エ　2イ　3ア

問五　――線②「狂言の茂山千之丞さん」のお話の具体例の最初にある「舞台で演じているとき、客席から多くの人の想像力が感じられるときがいちばんのっていける」の部分と、最後の部分「こうして伝統を守りながら新しいものを創造していくのだ」というところが手がかり。これらから考えると、「イ」が正解となります。

〔解答〕　イ

問六　「茂山千之丞さん」が「自分のやれること」として語っている部分をぬき出します。――線③「その役割」のすぐ前の「人々の想像力をかき立てること」が正解となります。

〔解答〕　**人々の想像力をかき立てること**

問七　――線④「生きものの向こうにはつねに想像力が必要です」の後の「想像力の基本は、さまざまな事柄や生きものや人とのあいだの関係に思いをいたすということです。生きものはすべて関係のなかにある。孤立したものはないので、想像力が必要になるのです」の部分から大事な要素だけを取り出してまとめます。つまり、「生きものはすべて関係のなかにある。孤立したものはない」を使って答えるということです。

〔解答〕　〔例〕**生きものがすべて関係の中にあり、孤立したものではないから。**

問八　「生きものの本質は、外との関係があることであり、知りあいでなくても関係がつくれることが大事です」をもとにして選択肢を選びます。

アは、「そこにいる人たちと直接に話したりすることで」が×。――線⑤の直後に「直接話しあうわけではないし」とあります。直接話さないで黙っていながらも、その場にいる者同士、お互いに配慮して関係をつくれればいいのです。

ウは、「一生のあいだに二度と会わない人」は――線⑥に書いてあるので○。しかし、「うちとけて触れ合うことで深い関係が生まれる」が言いすぎなので×。あくまでここでは「お互いが一つの椅子を分けあっているという関係」（――線⑥の後）にすぎない。

エは、「自分だけを念頭に置くのではなく」はまだよいが、「自然や人間を仲間としてつき合うことで」が×。ここでは人間同士の関係についてしか書かれていません。

〔解答〕　イ

問九　「ア　一日千秋」…いちじつせんしゅう。一日が千年のように長く思われるくらい待ち遠しいこと。「イ　一期一会」…いちごいちえ。一生に一度だけ茶の湯の会に出るつもりで、悔いのないように行え、という意味。「ウ　日進月歩」…たえまなくどんどん進化すること。「エ　二束三文」…数が多くても値段が大変安いこと。

〔解答〕イ

問十　「電車の座席のなかでの自分の取り分〜友だちとケーキを分けるときの分、世界のなかでの日本人としての分、地球上に生きる生きものの一つとして人間がわきまえるべき分」、これらをまとめる（抽象化する）と何という言葉になるでしょうか？

また、「過去」「未来」のことを抽象化すると、何という言葉になるでしょうか？

〔解答〕エ

問十一　「生きもの感覚」の前の部分「つねに分がわかっていることこそ、生きものの基本です。仲間だけを区別し、そこにだけ気持ちを向けるのではなく、全体を考える。電車の座席のなかでの自分の取り分がおのずとわかることは、まさに生きもの感覚です」を手がかりに答えをまとめるやり方もあると思います（↓例1）。

一方、今のところに加えて、次の段落にあるまとめの部分「想像力をもち、周囲との関係に気を配り、分をわきまえるという態度は［ I ］な関係だけでなく、［ II ］な広がりも生みます。私たち人間の特徴は過去を考え、未来をおもんぱかれることです」も入れていく書き方もあります（↓例2）。

〔解答例〕（例1）想像力をもち、周囲との関係に気を配り、全体のなかで分をわきまえること。（35字）

（例2）想像力、分によって全体の中の自分の位置を知り、また未来をおもんぱかれる感覚のこと。（41字）

問十二　人間がこの地球上で分をわきまえないでいることを考えてみましょう。たとえば、「人間が石油などのエネルギーをどんどん使った結果、地球の温度が上がってしまい、地球上の生きものの生態系に悪影響を及ぼしてしまっていること」などが考えられるかもしれません。また、これ以外の何かを考えてもかまいません（要素１）。

次に、この現状をどうしていったらいいのかを考えてみましょう。すると「これからできることとしては、人間も他の動植物たちと同じ地球上に住む一つの種類の生きものにすぎないのだから、もっと地球全体の中での分をわきまえてくらすようにする」などといえるかもしれません（要素２）。

この２つの要素を組み合わせてみましょう。

〔解答例〕（例１）地球温暖化など人間中心の生活をすることで人間は地球の生態系全体に悪影響を及ぼしてしまっている。人間はもっと地球の動植物全体の中での分をわきまえて暮らすようにするべきである。（86字）

（例２）地球温暖化やエネルギー問題など、人間中心の生活をすることで人間は地球の生態系全体に悪影響を及ぼしている。人間は地球の生物の中での分をわきまえ、もっと地球全体を考えるべきである。（88字）

問題2 麻布中学校（1984年）

歴史ある名門校であり、中学受験国語における最高峰の問題を出題する男子難関校「麻布中学校」の物語文に挑戦してみましょう。出典は斎藤隆介『火』です。

少し古い年度のものですが、美しい情景が目に浮かぶような文章をより深く読めるように導いてくれる問題となっています。

麻布の問題は、物語をどう読めばいいのかを教えてくれますし、前から順番に問題を解いていくだけで自然に気づきが得られるようになっています。時間がかかってもかまいませんので、問いと問いのつながりを感じながら取り組みましょう。

問題に取り組む前に、ここで基本的な「物語文の読み方」を再度押さえておきます。

物語文の読み方のポイント（おさらい）

物語文とは、登場人物が経験するさまざまなできごとや気持ちなどを通して、作者の言いたいことを読者に伝える文章のことです。最後まで読んだあとに、この作者はこのお話を通してどんなことを読者に伝えたかったのかという主題をつかむことが大事です。

そのためには、次のような印を文章につけると読みやすくなります。印をつけることで視覚的に内容が整理され、文章の内容をつかみやすくなり、問題を解くときの手がかりにもなります。

1　「登場人物」に○をする
2　「できごと」「気持ち」に――線を引く
3　「場面の変わり目」に「V印」を入れる

まずは、「ステップ１」を参照しながら一通り読んでみましょう。

問題　次の文章を読んで、あとの問いに答えなさい。

一

Ｉ　秋田の由利《ゆり》の浜の夕日は見せたいな。

〈あおむくとズデーンとひっくらかえってもまだ見きれないほど空が大きい。その大きい空いっぱいにいわし雲がかかって、そのいわし雲は、はじめは青空に白く夢《ゆめ》みたいに流れているんだが、夕方になると赤く染まる。

海も、両手をひろげてかかとでキリキリとまわっても、見きれないくらいにでっかい。そのでっかい海いっぱいの波が急に静かになって、はじめはまっさおだったのが、夕方になると赤く染まる。

空から海へ、ズブズブと日がはいるのだ。

海へはいっていく日は、これは、なんとも、まったくでっかい。

銅《あかがね》の洗面器があるだろ。あいつを立ててゆっくりと池へ沈《しず》めるみたいだ。てんとうも、やっぱり夕方になって海の向こうの家へ帰るのがいやなのか、まず、足を少しぬらして、あきらめてひざまで入れて、腰《こし》まではいるとしばらくジッとしている。〉

あとはもうすっかりあきらめきって胸から肩《かた》から頭まで海につかっちまうのだが、その、腰までぱいってジッとしている時の、うすべに色の大きな空の下の、うすべに色の大きな海の前の、うすべに色の浜べを、エッシ、エッシと一心に走っている小さいわらしがいる。

「おうい、じんべーーェ」

六兵《ろくべ》エじさまは声をかけた。だってじさまは、まだ空が青いうちから、海が青いうちから、浜べの舟のかげで網《あみ》のつくろいをしながら、甚平《じんぺい》の走りつづけているのを、時々チラチラと見ていたからな。

甚平はびっくらこいた。秋田じゃ「ドデンした」っていう。胸にドデンとくるくらいびっくらこくことを言うんだ。

甚平が、なしてドデンしたかっていうと、甚平は、浜には自分のほかだアれもいないと思っていたからだ。

「じんべー。おまえ、なして、そう一心に、ひとりでかけっこしてるなァ？」

じさまは舟のかげからモソモソと立ち上がって、甚平の方へ歩きながらそう聞いた。

近よってみると(1)甚平は立ちすくんだままブルブルふるえている。今度はじさまがドデンした。

この時てんとうはもうあきらめて、ズブズブズブと肩まで海に沈んじまった。浜べの砂が、スウッと紫《むらさき》をました。

「(2)マァ坐れ」

そう言ってじさまは自分から海の方を向いてあぐらをかいた。甚平もへたへたと砂にひざをついた。そうだろう、よっぽどつかれていたんだな。そして、そのほかにもなんかわけがあるらしい。

若い時から海できたえて来たじさまは、いままっ白なしらがになっても肩なんどはモロッともれ上がって、あぐらは大きなあぐらだ。

それにくらべて甚平は、また、なんとも、ぬれたねずみみたいにひんじゃくだ。

十二になるというのに、八つか九つにしか見えない。やせて小さくて、そのうえ骨ばったさ(注)いづち頭ばっかりは、なんかをかぶったようにでっかくて、細こいくびがささえているのが重そうだ。

「甚平。日がはいるぞ」

じさまがそう言うと、てんとうは頭のてっぺんをスプッとたそがれ色の海の中にすくめた。

(3)急に黄色いマツヨイ草のいいにおいがして来た。

二

「甚平。ひとつ、じさまが当ててみっか」

甚平は、あごのこけたやせた顔の、そいつばっかりギロッとでかい目をむいてじさまを見た。

「甚平。おまえは、せえが小さくて、体がやせていて、かけっくらはいきが切れて、なかまのわらしのだアれにもかなわなくて、みんなにばかにされてくやしくて、それでみんなに負けねえようになろうと思って、ひとりでかけっこのけいこをしていたんだべ。なそうだべ」
(4)甚平がワッと泣き出した。砂に顔をつっこんで、紫の砂にくいつくようにして泣き出した。
「――そうか。当たったか……」

じさまは目をしばしばとさせて、甚平は見ないで、くれて来た大きい海の方を見た。

それから甚平の方を見て、急に少しきつい声で言った。

「面《つら》コが青いど甚平。ムリはいけねえ。ムリをしてはだめだ」

そして自分も長々と砂の上に寝そべって、頭の下に両手を組んで上を向いた。

「空を見ろ甚平。空はでっかいど。空がくれていく。もうじき星が出る」

そして顔だけ横を向けてとつぜん言った。

Ⅱ《「おらは若い時は、力くらべでもかけっこでも、船のろこぎでも誰《だれ》にも負けなかった。一番だった。だが、今はいけねえ。力にまかせてムリをして、心《しん》の臓《ぞう》をいためちまった。甚平。おまえとおんなしだ。走ることも出来ねえ。船にのってろをこぐことも出来ねえ。今はみんなからおいてけぼりをくって、こうして浜で網のつくろいで日をくらしている。甚平。丈夫《じょうぶ》だったおらでもそうだぞ。ましてや病身のおまえが、ムリに走ったりするこったバ、心の臓が破れて死んじまうど――》

ほっぺたの涙《なみだ》に砂をくっつけて、じさまの顔を見て話を聞いていた甚平は、突然《とつぜん》突っ立ち上がると、じさまの後ろの沖《おき》を指さしてはじめて叫《さけ》んだ。

「じさまッ！　かくれ岩の方サ船が行く！」

「エッ！」じさまもはね起きた。

「どこの船だッ、(ア)アブねえッ！」

もう、すっかりすみれ色にくれて来た海の上を、帆《ほ》ばしらにみかん色の灯《ひ》をつけた漁船が、なるほどこの浜めざしてポンポンと(イ)ハツドウキの音をひびかせて一直線にやってくる。

「大変だ！　ここらの船ではねえな。あの調子ではあすこに並《なら》んでるかくれ岩を知らねえらしい。甚平！　火だッ。火をたくんだッ。たき火の前で着物をふりまわして叫ぶんだ。そうすりゃ向こうから見える！」

じさまはものすごいいきおいで走り出した。甚平もそのあとから紫色の唇《くちびる》をかみしめて走った。船がめざしているあたりに早く走りついて、早くたき火をして知らせなくてはならない。

もう黒ずんで来たたそがれの浜の砂をけたてて、じさまも甚平も走った、走った、走った。

そして、かくれ岩のま正面の、はつどうき船のめざして来る所につくと、じさまは物も言わずに、浜に打ち上げられてかわいている枝々《えだえだ》を拾い集めて火をつけた。甚平も、あっちの枝や、こっちの流木をウンショウンショひきずって来てたき火にくべた。

バッと、ほのおが夕やみに上がった。

「甚平！　早く着物をぬいで振《ふ》れ！　叫べ！」

ひょろひょろの甚平が、火のついたねずみ花火のように、キリキリまいをして着物をぬぐと、たき火の前でそいつを(ウ)ハタのようにふりまわした。

「かくれ岩があるぞォーッ！　あぶねえぞォーッ！　ひっかえせェーッ！」

しかし、はつどうき船の帆ばしらのみかん色の灯は、ポンポンポンポンという音といっしょに、なおも一直線にグングン近づいて来る。ギザギザのかくれ岩が水のすぐ下に並んでいる場所はもうすぐだ。

三

甚平は突然、耳がはりさけたかと思った。じさまが、(5)胸もやぶれるような大声で叫んだのだ。

「か、く、れ、い、わ、だ、ぞォーッ！」

あ、聞こえた。船は急に左に折れると、浜にそって走り出した。よかった。やはり海でしお風にきたえたじさまの声はおらのひんじゃくな声なんかと違《ちが》うんだ。よかったな、じさま。だんだん遠くなってゆく船のみかん色の灯と、ふなばたで「ありがとォ！」というつもりで振っているらしいカンテラのまるくえがく灯のわをみてから、甚平はじさまをふりかえった。

じさまはたき火の前にうずくまって、砂の中に顔をつっこんでいた。さっき泣いていた甚平とおんなしかっこうをしていた。

しかし様子がへんだ。

「じさま！　じさま！」

甚平がとびついてゆすぶると、じさまはコロリと横にたおれてピクリともうごかなかった。

——死んだッ！

甚平はもうぜんと走り出した。ものすごい早さだった。さっき、みんなに負けたくやしさで、けいこに走っていた時なんか、およびもつかない早さだった。心臓は口からとび出しそうに苦しかったが、やぶれてさけて死んでもかまわないと思った。

——じさまは、船の人を助けるために、わるい心臓をブッさいて叫んで死んだんだ！

甚平が、医者さまをせきたてて浜べへもどった時、たき火は前よりいっそうボンボンといきおいよくもえ上がり、浜べのそこは切りとったように明るかった。

じさまの(エ)ミャクを見て、胸に耳をあてて、まぶたをかえしてみた医者さまは、そのまぶたをなでてつぶらすと、だまったまま甚平に首をふった。

立っている甚平の目から大つぶの涙がこぼれると、さっきの砂のついたままのほっぺたをツーと流れた。

甚平はじさまに、だまって手を合わせた。

――じさま、じさまの言ってくれたことは忘れねえ。したことも忘れねえ。(6)だどもおらはさっき、今までで一ばん早く走れたぞ……！

もうまっくらになったよるの浜のたき火は、　(7)

（注）さいづち頭――木づちの形に似て、ひたいと後頭部が突き出ている頭。

［設問］（句読点《くとう》はすべて一字分とします。）

問一 ――線(1)「甚平は立ちすくんだままブルブルふるえている」とありますが、

A 「立ちすくんだまま」であったのはなぜですか。

B 「ブルブルふるえてい」たのはなぜですか。

問二 ――線(2)「マァ坐《すわ》れ」とじさまが甚平に言ったのはなぜですか。

問三 ――線(3)「急に黄色いマツヨイ草のいいにおいがして来た」とありますが、この情景の効果について次の中から適切な説明を一つ選び、番号で答えなさい。

1 甚平とじさまが二人きりで夜をむかえ、しだいに心細くなっていく様子を表す。

2 しみじみと甚平の気持ちを推測しようとするじさまのやさしさを表す。

3 じさまと甚平を取り巻く周囲の美しさと日の落ちたあとの静けさを表す。

4　じさまと甚平が心を開いて話をする静かな場面への移り変わりを表す。

5　じさまに走っているところを発見された甚平のたまらないさびしさを表す。

問四　――線(4)「甚平がワッと泣き出した」とありますが、なぜですか。甚平の気持ちをよく考えて説明しなさい。

問五　Ⅱ《「おらは若い時は、……心の臓が破れて死んじまうど――」》とありますが、

A　じさまは今の自分のからだの状態をどう見ていますか。はっきりと述べているたいせつな文を一文、Ⅱの部分からそのまま抜き出しなさい。

B　じさまが甚平に対して直接忠告している文を一文、Ⅱの部分からそのまま抜き出しなさい。

C　「じさまッ！　かくれ岩の方サ船が行く！」という甚平の叫《さけ》びのあとで、《　》内でいわれていることで破られたのはどんなことですか。また守られているのはどんなことですか。「二」の終わりまでの範囲《はんい》でそれぞれ要点をおさえて書きなさい。

問六　――線(5)「胸もやぶれるような大声で叫んだのだ」とありますが、文末の「のだ」は何を強調していますか。次の中から適切なものを一つ選び、番号で答えなさい。

1　心臓が悪いのにわれを忘れて大声で叫んだじさまの力強さ。

2　心臓を痛めているじさまがわれを忘れて、叫んではならない大声で叫んだこと。

3　心臓が悪いのにわれを忘れ、自分の身を犠牲《ぎせい》にして叫んだじさまの立派な態度。

4　ひんじゃくすぎる甚平の声とあまりに違うじさまのきたえぬいた声の大きさ。

5　甚平が突然、自分の耳がはりさけんばかりに思い、おどろいた原因。

問七　――線(6)「だどもおらはさっき、今までで一ばん早く走れたぞ……！」とありますが、このときの甚平の気持ちとして当てはまらないものを次の中から二つ選び、番号で答えなさい。

1　船の人を助けるために死んだじさまと自分とが一体となる気持ち。

2　船の人を助けるために死んだじさまが、自分にこれまでにない力を引き出してくれたことへの感謝の気持ち。
3　船の人を助けるために死んだじさまの死をむだにすまいという気持ち。
4　誰にも見せなかった大きな力を出してみせた自分を誇《ほこ》りに思う気持ち。
5　自分の中にかくされていた大きな力をじさまに告げることによってじさまの行為《こうい》をたたえる気持ち。
6　じさまによって大きな力を引き出されたことで、今まで自分をばかにしていたみんなを見返してやろうという気持ち。

問八　「秋田の由利《ゆり》の浜の夕日」の様子を描いているⅠ〈あおむくと……ジッとしている。〉の部分について、

A　「空」「海」「海へはいっていく日」の三つについて、共通して強調しているのはどういう点ですか。

B　「夕日」が擬人法《ぎじんほう》で書かれている文を一文抜き出して、その初めと終わりの五文字を書

きなさい。

C　Ⅰの部分の「夕日」の情景は、この小説全体の中でどのような効果を出していると考えられますか。じさまの行為《こうい》と関連させて説明しなさい。ただし六〇字以内とします。

問九　(7)　について、「火のこ」「星のように」の二語を必ず用いて、この小説の結びとしてふさわしい文章をつくりなさい。ただし四五字以上、五五字以内とします。

問十　――線（ア）～（エ）のかたかなを漢字になおしなさい。

（注）問題の一部を改変しています。

ステップ1　言葉の意味を参考にして文章を読む

次の「言葉の意味」を参考にしながら、文章を読んでみてください。

あおむく　…上を向く。
いわし雲　…青空に点々と、小さい斑点や白い波紋を見せる雲。うろこ雲。
銅《あかがね》　…銅《どう》のこと。
てんとう　…太陽のこと。「天道」と書く。
あぐら　…両ひざを左右に開き、両足を組んで座ること。「あぐらを組む」という言い方をする。
もれ上がる　…盛り上がる。
細こい　…細い。
たそがれ　…夕方の薄暗い時。夕暮れ。「誰《た》そ彼《かれ》は」と、人の見分けがつきにくい時分の意味。

マツヨイ草……河原や荒れ地に見られる花が黄色の植物。

こける……肉が落ちてやせ細る。

かけっくら……かけっこ。走ること。

いきが切れる……呼吸が激しくなって苦しくなる。

わらし……子ども。わらべ。

かなう……願った通りになる。「かなわない」とはここでは勝てないという意味。

面《つら》コ……顔のこと。

ろこぎ……「ろ（櫓）」とは船をこぎすすめる道具。「ろこぎ」とは「ろ（櫓）」という細長い木を船尾に取りつけた櫓杭《ろくい》にはめて支点としてこぐ。

心の臓……心臓《しんぞう》。

おいてけぼりをくう……自分以外のみんなから自分だけ残されてしまうこと。置き去りにされること。

かくれ岩……水中にかくれていて見えない岩。

すみれ色……すみれの花の色。紫色の一種。

帆ばしら……帆船《はんせん》（帆を立てた船）の、帆を張るための柱。マスト。

黒ずむ…黒っぽくなる。黒みを帯びる。
はつどうき船…発動機というエンジンを使って進む船。
流木…海岸に流れ着いた木。海のどこからか漂流してきた木。
キリキリまい…あわてふためくこと。「てんてこ舞い」ともいう。
カンテラ…船や鉄道などで合図用に使うランプ。
ミャク（脈）を見る…脈拍を調べる。生きているか死んでいるかを調べる。
だども…だけれども。しかし。

ステップ2　文章に印をつける

文章中の「人物」に○、主な「できごと」「気持ち」に――線、「場面の変わり目」にＶ印をつけましょう。「できごと」「気持ち」は細かいものにまで――線をつけると印だらけになってしまうので、本当に主なものにだけ印をつけるようにしましょう。

終わったら、サンプルと比べてみましょう。

一

秋田の由利《ゆり》の浜の夕日は見せたいな。

Ｉ〈あおむくとズデーンとひっくらかえってもまだ見きれないほど空が大きい。その大きい空いっぱいにいわし雲がかかって、そのいわし雲は、はじめは青空に白く夢《ゆめ》みたいに流れているんだが、夕方になると赤く染まる。

海も、両手をひろげてかかとでキリキリとまわっても、見きれないくらいにでっかい。そのでっかい海いっぱいの波が急に静かになって、はじめはまっさおだったのが、夕方になると赤く染まる。

空から海へ、ズブズブと日がはいるのだ。

海へはいっていく日は、これは、なんとも、まったくでっかい。

銅《あかがね》の洗面器があるだろ。あいつを立ててゆっくりと池へ沈《しず》めるみたいだ。

てんとうも、やっぱり夕方になって海の向こうの家へ帰るのがいやなのか、まず、足を少しぬらして、あきらめてひざまで入れて、腰《こし》まではいるとしばらくジッとしている。〉

あとはもうすっかりあきらめきって胸から肩《かた》から頭まで海につかっちまうのだが、その、腰まではいってジッとしている時の、うすべに色の大きな空の下の、うすべに色の大きな海の前の、うすべに色の浜べを、エッシ、エッシと一心に走っている小さいわらしがいる。

「おうい、じんべーェ」

六兵エ《ろくべ》じさまは声をかけた。だってじさまは、まだ空が青いうちから、海が青いうちから、浜べの舟のかげで網《あみ》のつくろいをしながら、甚平《じんべい》の走りつづけているのを、時々チラチラと見ていたからな。

甚平はびっくらこいた。秋田じゃ「ドデンした」っていう。胸にドデンとくるくらいびっくらこくことを言うんだ。

甚平が、なしてドデンしたかっていうと、甚平は、浜には自分のほかだアれもいないと思っていたからだ。

「じんべー。おまえ、なして、そう一心に、ひとりでかけっこしてるなァ？」

じさまは舟のかげからモソモソと立ち上がって、甚平の方へ歩きながらそう聞いた。

近よってみると(1)甚平は立ちすくんだままブルブルふるえている。今度はじさまがドデンした。

この時てんとうはもうあきらめて、ズブズブズブと肩まで海に沈んじまった。浜べの砂が、スウッと紫《むらさき》をました。

「(2)マァ坐《すわ》れ」

そう言ってじさまは自分から海の方を向いてあぐらをかいた。甚平もへたへたと砂にひざをついた。そうだろう、よっぽどつかれていたんだな。そして、そのほかにもなんかわけがあるらしい。

若い時から海できたえて来たじさまは、いままっ白なしらがになっても肩なんどはモロッともれ上がって、あぐらは大きなあぐらだ。

それにくらべて甚平は、また、なんとも、ぬれたねずみみたいにひんじゃくだ。

十二になるというのに、八つか九つにしか見えない。やせて小さくて、そのうえ骨ばったさいづち頭ばっかりは、なんかをかぶったようにでっかくて、細こいくびがささえているのが重そうだ。

「甚平。日がはいるぞ」

じさまがそう言うと、てんとうは頭のてっぺんをスプッとたそがれ色の海の中にすくめた。

急に黄色いマツヨイ草のいいにおいがして来た。(3)

二

「甚平。ひとつ、じさまが当ててみっか」

甚平は、あごのこけたやせた顔の、そいつばっかりギロッとでかい目をむいてじさまを見た。

「甚平。おまえは、せえが小さくて、体がやせていて、かけっくらはいきが切れて、なかまのわらしのだアれにもかなわなくて、みんなにばかにされてくやしくて、それでみんなに負けねえようになろうと思って、ひとりでかけっこのけいこをしていたんだべ。なそうだべ」
(4)甚平がワッと泣き出した。砂に顔をつっこんで、紫の砂にくいつくようにして泣き出した。
「――そうか。当たったか……」

じさまは目をしばしばとさせて、甚平は見ないで、くれて来た大きい海の方を見た。

それから甚平の方を見て、急に少しきつい声で言った。

「面《つら》コが青いど甚平。ムリはいけねえ。ムリをしてはだめだ」

そして自分も長々と砂の上に寝そべって、頭の下に両手を組んで上を向いた。

「空を見ろ甚平。空はでっかいど。空がくれていく。もうじき星が出る」

そして顔だけ横を向けてとつぜん言った。

Ⅱ《「おらは若い時は、力くらべでもかけっこでも、船のろこぎでも誰《だれ》にも負けなかった。一番だった。だが、今はいけねえ。力にまかせてムリをして、心の臓《しんぞう》をいためちまった。甚平。おまえとおんなしだ。走ることも出来ねえ。船にのってろをこぐことも出来ねえ。今はみんなからおいてけぼりをくって、こうして浜で網のつくろいで日をくらしている。甚平。丈夫《じょうぶ》だったおらでもそうだぞ。ましてや病身のおまえが、ムリに走ったりするこったバ、心の臓が破れ

て死んじまうど――」》

ほっぺたの涙《なみだ》に砂をくっつけて、じさまの顔を見て話を聞いていた甚平は、突然《とうぜん》突《つ》っ立ち上がると、じさまの後ろの沖《おき》を指さしてはじめて叫《さけ》んだ。

「じさまッ！　かくれ岩の方サ船が行く！」

「エッ！」じさまもはね起きた。

「どこの船だッ、(ア)アブねえッ！」

もう、すっかりすみれ色にくれて来た海の上を、帆《ほ》ばしらにみかん色の灯《ひ》をつけた漁船が、なるほどこの浜めざしてポンポンと(イ)ハツドウキの音をひびかせて一直線にやってくる。

「大変だ！　ここらの船ではねえな。あの調子ではあすこに並《なら》んでるかくれ岩を知らねえらしい。甚平！　火だッ。火をたくんだッ。たき火の前で着物をふりまわして叫ぶんだ。そうすりゃ向こうから見える！」

じさまはものすごいいきおいで走り出した。甚平もそのあとから紫色の唇《くちびる》をかみしめて走った。船がめざしているあたりに早く走りついて、早くたき火をして知らせなくてはならない。

もう黒ずんで来たそがれの浜の砂をけたてて、じさまも甚平も走った、走った、走った。

そして、かくれ岩のま正面の、はつどうき船のめざして来る所につくと、じさまは物も言わずに、浜に打ち上げられてかわいている枝々《えだえだ》を拾い集めて火をつけた。甚平も、あっちの枝や、こっちの流木をウンショウンショひきずって来てたき火にくべた。

バッと、ほのおが夕やみに上がった。

「甚平！　早く着物をぬいで振《ふ》れ！　叫べ！」

ひょろひょろの甚平が、火のついたねずみ花火のように、キリキリまいをして着物をぬぐと、たき火の前でそいつを(ウ)ハタのようにふりまわした。

「かくれ岩があるぞォーッ！　あぶねえぞォーッ！　ひっかえせェーッ！」

しかし、はつどうき船の帆ばしらのみかん色の灯は、ポンポンポンポンという音といっしょに、なおも一直線にグングン近づいて来る。ギザギザのかくれ岩が水のすぐ下に並んでいる場所はもうすぐだ。

三

甚平は突然、耳がはりさけたかと思った。じさまが、(5)胸もやぶれるような大声で叫んだのだ。

「か、く、れ、い、わ、だ、ぞォーッ！」

あ、聞こえた。船は急に左に折れると、浜にそって走り出した。よかった。やはり海でしお風にきたえたじさまの声はおらのひんじゃくな声なんかと違《ちが》うんだ。よかったな、じさま。だんだん遠くなってゆく船のみかん色の灯と、ふなばたで「ありがとォ！」というつもりで振っているらしいカンテラのまるくえがく灯のわをみてから、甚平はじさまをふりかえった。

　じさまはたき火の前にうずくまって、砂の中に顔をつっこんでいた。さっき泣いていた甚平とおんなしかっこうをしていた。

　しかし様子がへんだ。

「じさま！　じさま！」

　甚平がとびついてゆすぶると、じさまはコロリと横にたおれてピクリともうごかなかった。

　――死んだッ！

　甚平はもうぜんと走り出した。ものすごい早さだった。さっき、みんなに負けたくやしさで、けいこに走っていた時なんか、およびもつかない早さだった。心臓は口からとび出しそうに苦しかったが、やぶれてさけて死んでもかまわないと思った。

　――じさまは、船の人を助けるために、わるい心臓をブッさいて叫んで死んだんだ！

　甚平が、医者さまをせきたてて浜べへもどった時、たき火は前よりいっそうボンボンといきおいよくもえ上がり、浜べのそこは切りとったように明るかった。

　じさまの(エ)ミヤクを見て、胸に耳をあてて、まぶたをかえしてみた医者さまは、そのまぶたをなでてつぶらすと、だまったまま甚平に首をふった。

立っている甚平の目から大つぶの涙がこぼれると、さっきの砂のついたままのほっぺたをツーと流れた。

甚平はじさまに、だまって手を合わせた。

――じさま、じさまの言ってくれたことは忘れねえ。したことも忘れねえ。(6)だどもおらは

さっき、今まで一ばん早く走れたぞ……！

もうまっくらになったよるの浜のたき火は、 (7)

ステップ3 場面分け・大事なできごとの再確認

この文章の構成を大まかにつかみ、大きく3つの場面に分け、それぞれの場面の最初の5字をぬき出してください。また、その場面の中で大事なできごとを2〜3つくらいぬき出すか、自分なりにまとめて書いてください（もし、わからなければ飛ばしてもいいです）。

〔解答例〕

・1つ目の場面

（初めの5字）秋田の由利

（大事なできごと）

（例）一心に浜べを走っていた甚平が突然六兵エじさまから声をかけられ、びっくりする。

・2つ目の場面

（初めの５字）「甚平。ひ

（大事なできごと）

（例１）みんなからばかにされてくやしくて、みんなに負けないようになりたいからひとりでかけっこのけいこをしていたことをずばり六兵エじさまに当てられ、甚平がワッと泣き出す。

（例２）六兵エじさまから、病身でムリに走ると心臓が破れて死ぬからやめろと甚平が言われる。

（例３）かくれ岩の方に行く船を助けるために、六兵エじさまと甚平がものすごいいきおいで走る。

・３つ目の場面

（初めの５字）甚平は突然

（大事なできごと）

（例１）船を助けるために「か、く、れ、い、わ、だ、ぞォーッ！」と胸もやぶれるほどの大声で叫んだため、六兵エじさまが死んでしまう。

（例2）じさまが言ってくれたこと、してくれたことは忘れない、と心に誓うが、さっき自分は今までで一番速く走れたと死んだじさまに報告する。

ステップ4 各問いの考え方（お母さんのヒントの出し方）

問一 A 人物のようすを確認する問題。ただ、Aでは「立ちすくんだまま」について、Bでは「ブルブルふるえてい（た）」について聞いているので、それぞれについて答えるように気をつけよう。

つまり、Aを答えるときに、Bで答えるべき内容まで入れてしまわないように。――線(1)の数行前「甚平はびっくらこいた～だアれもいないと思っていたからだ。」が手がかりだね。

B Aと同じことを書かないように気をつけよう。「じさまに突然声をかけられ驚いた」は答えにならない。これでは、体がブルブルふるえることにつながらないからね。ブルブルふるえた理由は――線(2)の後に書かれているよ。

問二　「じさま」の言葉の理由を問う問題。「じさま」は「甚平」を坐らせてどうしたいのかを考えよう。理由は1つですむかな？　とにかく坐らせたい理由と、そのあとにしたいこととの両方を入れる。手がかりは――線(2)より後ろを見よう。

問三　情景描写の意味を問う問題。今までは空、海、ヨがでっかく、赤いという話をしてきたのに、ここではそれらがすべて見えなくなって、あたりは暗くなり、急に花のにおいがしてきたと言っているね。これをどうとらえるべきかな？

問四　「甚平」の行動の理由を問う問題。――線(4)の直前の「じさま」の言葉「甚平。おまえは～なそうだべ」と――線の直後の「じさま」の言葉「――そうか。当たったか……」という言葉を「甚平」が聞いて、「じさま」に何をずばり言い当てられて、どういう気持ちになったのかを考えよう。

問五　A、B、Cでは「じさま」の言葉を確認させることで、いかに「じさま」の体の状態が悪いかを押さえさせているね。なぜこのようなことをA、B、C3つの枝問に分けて事細かく確認させるのかを考えてみよう。そのヒントは問六、問七にあるよ。

A 「じさま」が自分の体の状態についてまとめて言っている一文を探そう。

B 「じさま」が「甚平」に「無理をしてはいけない」と忠告している一文を探そう。

C この設問でいったい何を答えればいいのかわからなかったら、次の2つのことを考えてみよう。

1つは、——線(5)の場面の時点で言えることを考えること。
もう1つは、これより後の問いを先に見てしまうこと。
そこで問六を見ると、——線(5)「胸もやぶれるような大声で叫んだ」という「じさま」の行為について聞いている。問五と問六の関係を考えてみると、〔破られたこと〕〔守られていること〕それぞれで書くべきことが見えてくるね。

問六　「のだ」は何を強調しているのか。それは「のだ」の直前「胸もやぶれるような大声で叫んだ」を強調しているはずだね。「じさま」が「胸もやぶれるような大声で叫んだ」ことがどんなことを意味しているのかを考えよう。

問七　死んだ「じさま」に「甚平」が心の中で報告している場面。「じさま」に対して自分の思いを訴えているものは、甚平の気持ちに当てはまるので答えにならない。ここでは、「当てはまらないもの」を選ぶことに注意しよう。

問八　「なぜここに（問七の後、問九の前に）「秋田の由利の浜の夕日」の様子を確認する問題があるのか？」と考えてみよう。「なぜ」と考えることが問題をより深く考えるきっかけになり、また、作問者の意図を考えるきっかけになるよ。

特に枝問のCでは、Iの「夕日」の情景と「じさま」の行為を関連させて説明しなさい、と言っているね。作問者は「夕日の情景」と「じさま」の行為とを関連させて、その共通点を考えさせるように誘導している。

また、問八の前後の問題とのつながりを見てみると、問九にこの小説の結びとなる情景の文章をつくりなさいという問題になっているね。おそらく問八は、この問九を答えさせるための布石だったと考えられる。

問九　設問文中の「『火のこ』『星のように』の二語を必ず用いる」「この小説の結びとしてふさわしい文章をつくりなさい」という条件、問いかけにしっかり答えよう。

それにしても、「火のこ」「星のように」という言葉をなぜ使わせるのかな。問八でも言ったけど、「なぜ」と考えることが問題をより深く考えるきっかけになり、また、作問者の意図を考えるきっかけになるよ。

ステップ5　解説・解答（子ども自身が丸つけをするときの考え方・基準）

問一　A　——線(1)の数行前、「甚平はびっくらこいた～浜には自分のほかだアれもいないと思っていたからだ」が手がかり。この手がかりの内容を使って、最後に心情語を入れてまとめて書くようにします。

〔解答〕Ａ　**だれもいないと思っていた浜で突然六兵エじさまに声をかけられ、とてもびっくりしてしまったから。**（46字）

Ｂ　――線(1)の数行後、「甚平もへたへたと砂にひざをついた。そうだろう、よっぽどつかれていたんだな。そして、そのほかにもなんかわけがあるらしい」が手がかり。そのほかにありそうなわけというのが、「二」の数行後、「甚平。おまえは、せえが小さくて、体がやせていて～なそうだべ」に書かれています。

ただ単に、「走って疲れていたから」という要素だけを書いてはいけません。「ブルブルふるえて」しまうほどになる理由も入れるようにします。

〔解答〕Ｂ　**病身で体も小さい甚平がムリをして浜を走って体がとてもつかれていたから。**（35字）

問二　――線(1)の数行後、「甚平もへたへたと砂にひざをついた。そうだろう、よっぽどつかれていたんだな。」と、「二」以降の場面が手がかり。これも問一Bと同様、ただ単に1つの要素だけ書いてすませないように気をつけます。

〔解答〕 へとへとに疲れている甚平の体を休ませるのと同時に、自分の話をじっくり聞かせてムリをしてはいけないことを甚平に言い聞かせようと思ったから。（68字）

問三 ――線(3)の直前の数行を手がかりにこの場面を想像する。特に、――線(3)のすぐ前の「「甚平。日がはいるぞ」～てんとうは頭のてっぺんをスプッとたそがれ色の海の中にすくめた」が手がかり。

「たそがれ」とは「誰《た》そ彼《かれ》」と、人の見分けがつきにくい時刻の意味で、あたりが夕方の薄暗い感じになっています。「じさま」の顔やあたりもだんだん見えづらくなってきて、そこにマツヨイ草のいいにおいがただよってきているという情景です。

そして、次の行から「二」の場面に入り、一心に浜をかけっこしていた理由について、「じさま」が「甚平」にたずねる場面になります。こうしたことから答えを考えます。

〔解答〕　4

問四　――線(4)の直前の「じさま」の言葉「甚平。おまえは～なそうだべ」と、――線の直後の「じさま」の言葉「――そうか。当たったか……」が手がかり。「じさま」に何をずばり言い当てられて、どういう気持ちになったのかということを書きます。

〔解答〕（例）「じさま」に自分の気持ちをずばり言い当てられ、みんなからばかにされてきたつらさ、くやしさが思い出され、我慢できなくなってしまったから。（67字）

問五　Ａ　「じさま」が今の自分のからだの状態をどう見ているかがはっきりと述べられている大切な一文をぬき出します。一文でじさまのからだの状態が的確にわかる文を探すようにします。

〔解答〕「力にまかせてムリをして、心の臓をいためちまった」

B　「じさま」が「甚平」に向けて忠告の言葉を発している内容の一文を探します。

〔解答〕　**「ましてや病身のおまえが、ムリに走ったりすることったバ、心の臓が破れて死んじまうど――」**

C　「ステップ4」で説明したように、問五と問六の関係を考えてみましょう。この――線(5)の「じさま」の行為がいかに重大なことなのかをわからせるために問五があるのではないかと考えられませんか。

　すると、「破られたこと」はどんなことで、「守られていること」はどんなことだったのかが答えやすくなると思います。

〔解答〕　（破られたこと）（例）**ムリをしないようにしていたじさまがものすごい勢いで走ったこと。**（31字）

（守られていること）（例）**じさまがムリをして大声で叫ばなかったこと。**（21字）

問六　「胸もやぶれるような大声で叫んだ」ことは「じさま」にとって、どういう意味があったのでしょうか。問五のCで「破られたこと」と「守られていること」を答えましたが、心臓をいためてしまった人が守らなければならないこと（してはいけないこと）を破ってしまったのだということをここでは強調しています。

つまり、ここでの「のだ」は「してはいけないことをしてしまった」という意味でとらえられます。

〔**解答**〕　2

問七　「じさま」が死んでしまったことがわかった後、「じさま」に手を合わせながら心で「じさま」につぶやいている場面です。ここでは、「甚平の気持ちとして当てはまるもの」を探しましょう。残ったものが答えとなります。

1　――線(6)の直前で、「甚平」が「じさま」に、だまって手を合わせながら「じさまの言ってくれたことは忘れねえ。したことも忘れねえ」と言っているので、「船の人を助けるために死んだじさまと自分とが一体となる気持ち」は当てはまると考えていいでしょう。

2　――線(6)の中で、「おらはさっき、今までで一ばん早く走れたぞ」と「じさま」に報告しているので、「船の人を助けるために死んだじさまが、自分にこれまでにない力を引き出してくれたことへの感謝の気持ち」は当てはまると考えていいでしょう。

3　――線(6)の直前で、「甚平」が「じさま」に、だまって手を合わせながら「じさまの言ってくれたことは忘れねえ。したことも忘れねえ」と言っているので、「船の人を助けるために死んだじさまの死をむだにすまいという気持ち」は当てはまると考えていいでしょう。

4　――線(6)は「じさま」に向けて、おらは一番早く走れたぞ、と報告しているのに対し、4は「自分を誇りに思う気持ち」とだけ書かれていて、「じさま」に向けた気持ちが入っておらず、「甚平」自身のことで完結してしまっています。4は当てはまらないと考えられるので、正解となります。

5　5の中で「じさまに告げる」「じさまの行為をたたえる」と「じさま」に向けた気持ちが入っていて、——線(6)の直前部分とも合うので当てはまると考えていいでしょう。

6「じさまによって大きな力を引き出された」はまだよいが、「今まで自分をばかにしていたみんなを見返してやろう」という気持ちは——線(6)の前の場面とも合わない。ここの場面では、死んでしまった「じさま」に心の中で話しかけることに集中しているので、「自分をばかにしていたみんなを見返してやろう」という気持ちはここにはない。

ということで、6は当てはまらないと考えられるので、正解となります。

〔解答〕　4・6

問八　A　空については、冒頭の2行目からの「あおむくとズデーンと～空が大きい。～夕方になると赤く染まる」が手がかり。海については、この直後の「海も、両手をひろげて～でっかい。～夕方になると赤く染まる」が手がかり。海に入っていく日は、この直後の「空から海へ、ズブズブと日がはいる〜まったくでっかい。銅の洗面器があるだろ〜池へ沈めるみたいだ」が手がかり。

〔解答〕（例）**どれもスケールが大きく、赤いということ。**（20字）

B　「擬人法」とは人でないものを、まるで人のように描いている表現技法のこと。〈　〉の中から「夕日」がしていることを擬人法で描いている一文を探し、ぬき出します。

〔解答〕（例）**てんとうも〜している。**

C　設問文中の「じさまの行為と関連させて説明しなさい」という条件を見落とさないこと。出題者は「夕日」と「じさま」とに何らかの関連があることを教えてくれています。

まず、夕日の情景の特徴を考えます。「大きい」「赤い」「沈もうとしている」。これらを「じさま」と関係づけて考えます。

「大きい」↓じさまの大きな心
「赤い」↓じさまの命
「沈もうとしている」↓じさまの命が終わる予感

このように考えていきます。

次の問九を先に見ておくことも、手がかりになります。

問九は「じさま」の死後の情景を、「火のこ」「星のように」の二語を使って考える問題です。問九からさかのぼって、問八ではどう答えたらいいかを考えておくことができます。

〔解答〕（例）**病身の甚平を励まし、船の人を命がけで助けるじさまの心の大きさと、この後じさまの命が終わってしまうことを予感させる効果。**（59字）

問九　設問文中の「『火のこ』『星のように』の二語を必ず用いる」「この小説の結びとしてふさわしい文章をつくりなさい」という条件、問いかけにしっかり答えます。

「火のこ」「星のように」という言葉をなぜ使わせるのでしょうか。「火のこ」は、たき火がある程度燃えさかっていないと出ないでしょう。また「火のこ」は、上へ上へと上がります。作問者が書かせようとしていることがわかりましたか？

「火のこ」が「星のように」なるということは、じさまの魂が天国に昇るということです。ということは、たき火も亡くなった「じさま」の魂と考えられます。たき火は今は地上で燃えさかっているけれども、次第に弱まり、火のこは天に昇ってしまうということです。

こうしたことを考えながら書いてみてください。

〔解答〕（例）　はげしく燃え、その火のこが舞い上がって夜空の星のようになり、じさまのたましいが天にのぼるかのようであった。（53字）

問十　〔解答〕ア　危　イ　発動機　ウ　旗　エ　脈

おわりに

私は、本当に勉強のできない子でした。

先生の言っていることがスッと理解できない。みんながわかっているのに、自分だけわかっていない。算数や理科も、なぜそうなるのかがわからないと先に進めない。

小5で大手塾に入るも、最下位クラスのビリで半年後に退塾……。

こんな私が、なぜかその大手塾で教えることになりました。

なぜでしょうか？

それは、小学生時代から思い続けてきた

「勉強のできる人になりたい」

という思い、ただそれだけです。

たしかに私は、今まで難関中学にたくさんの子どもたちを合格させてきました。しかし、それは彼らががんばって、彼らが自分の力で合格してきたにすぎません。ただ、彼らとつき合うなかでわかったことは、彼らにもできないこと、つまずきがたくさんあるのだということです。

小学生時代、家庭の経済的事情で公立中学に進学するしかなかった私にとって、私立中学の子たちは、いわば敵のような存在でした。見るのも嫌なくらいでした。子どもなりに、「彼らは恵まれている境遇の子たちだ」ということを本能で察知していたのでしょう。劣等感の裏返しだったのかもしれません。

でも、自分が教える立場になったときに、この子たちにもできないことはあるし、実はものすごい劣等感を抱えていることさえあると知りました。

「テストの点数がちょっと下がっただけで、父親からこっぴどく叱られる子」や、「自分よりできる子といつも比較して、『自分はあいつよりもできない』と毎回毎回自分を責める子」……。

勉強のできなかった私には想像もできなかったことですが、最高に恵まれている境遇にあると思っていた彼らも、実は傷つき、もがいていたのです。

私は、一流大学卒のエリート先生ではありません。

「勉強のできる人になりたい」――ただ、この一心だけで今日までやってきた、元落ちこぼれ先生です。

その私が、なぜ今日まで塾教師をやり続けてこられたのか。

それは、小学生時代にあこがれた「勉強のできる人」に、私がいまだになれていないからだろうと思います。

なれていないから、「なろうなろう」と追い求め続けているのです。

でも、自分でもわかっているのです。
きっと一生なれないのだろうと。
でも、だからこそ私はこれからもずっと塾教師をやり続けられるのです。

いま、私の目の前にいる彼らは、小学生時代の私そのものです。
見捨てられるわけがありません。
だから、私は彼らを応援し続けます。

子どもには無限の可能性があります。
それなのに世の中には、希望を持てる子と持っていない子とがいます。
それはなぜか。
世の中には、希望を見せている親と見せていない親とがいるからです。

では、希望はどうしたら得られるのでしょうか。

それは、「スキル」を学ぶことです。

まずは、親御さんが本書でお読みいただいたことを実践してみてください。

実際にやってみると、さほどむずかしくないことがわかるでしょう。

それを今度は、ぜひお子さんに伝えてあげてください。


お子さんは、頭が悪いから「できない」のではありません。

理解する力、つまり「国語力」が足りていなかっただけなのです。


「国語力」がつけば、文章を理解することができます。そうすれば、国語はもちろん、算数も社会も理科もその他のことも、理解できるようになります。


子どもにとっての希望は、私たち大人にとっての希望でもあります。

希望に満ちた世の中をつくる源が「国語力」をつけることだとしたら、私たち大人がまず「国語力」を身につけ、実践しようではありませんか。

むずかしいことではなく、やれることからやればいいのです。

「子は親の背中を見て育つ」と言います。

ぜひ、私たち大人から始めましょう！


この本を最後までお読みいただきありがとうございました。

本書をお読みになったみなさんに、少しでも「国語ってやればできる！」という気持ちになっていただけたら、著者としてこんなにうれしいことはありません。

最後に、エリエス・ブック・コンサルティングの土井英司さん、ディスカヴァー・トゥエンティワンの藤田浩芳さん、三谷祐一さんに心から感謝いたします。

このお三方がおられなければ、この本は存在しませんでした。本当にありがとうございました。

藤岡豪志

国語が得意科目になる「印つけ」読解法

発行日　2016 年　5 月　15 日　第 1 刷
　　　　2018 年　6 月　20 日　第 3 刷

Author　藤岡豪志

Book Designer　石間淳（カバー）　荒井雅美（本文）
Illustrator　matsu（マツモト ナオコ）

Publication　株式会社ディスカヴァー・トゥエンティワン
〒 102-0093　東京都千代田区平河町 2-16-1 平河町森タワー 11F
TEL　03-3237-8321（代表）
FAX　03-3237-8323
http://www.d21.co.jp

Publisher　干場弓子
Editor　三谷祐一

Marketing Group
[Staff]　小田孝文　井筒浩　千葉潤子　飯田智樹　佐藤昌幸　谷口奈緒美　古矢薫　蛯原昇　安永智洋　鍋田匠伴　榊原僚　佐竹祐哉　廣内悠理　梅本翔太　田中姫菜　橋本莉奈　川島理　庄司知世　谷中卓　小木曽礼丈　越野志絵良　佐々木玲奈　高橋雛乃

Productive Group
[Staff]　藤田浩芳　千葉正幸　原典宏　林秀樹　大山聡子　大竹朝子　堀部直人　林拓馬　塔下太朗　松石悠　木下智尋　渡辺基志

E-Business Group
[Staff]　松原史与志　中澤泰宏　西川なつか　伊東佑真　牧野類　倉田華

Global & Public Relations Group
[Staff]　郭迪　田中亜紀　杉田彰子　奥田千晶　李瑋玲　連苑如

Operations & Accounting Group
[Staff]　山中麻吏　小関勝則　小田木もも　池田望　福永友紀
[Assistant Staff]　俵敬子　町田加奈子　丸山香織　小林里美　井澤徳子　藤井多穂子　藤井かおり　葛目美枝子　伊藤香　常徳すみ　鈴木洋子　石橋佐知子　伊藤由美　畑野衣見　井上竜之介　斎藤悠人　平井聡一郎　曽我部立樹

Proofreader　株式会社鷗来堂
DTP　荒井雅美
Printing　株式会社厚徳社

ISBN978-4-7993-1870-6